Anne Kipper
Kristina Krüger

Grundaufgaben Mathematik automatisieren: 1 + 1 & 1 – 1

Motivierende Aufgaben zum automatisierenden Üben der Rechenoperationen Addition und Subtraktion

Auer

Die Internetadressen, die in diesem Werk angegeben sind, wurden vom Verlag sorgfältig geprüft (Redaktionsschluss November 2016). Da wir auf die externen Seiten weder inhaltliche noch gestalterische Einflussmöglichkeiten haben, können wir nicht garantieren, dass die Inhalte zu einem späteren Zeitpunkt noch dieselben sind wie zum Zeitpunkt der Drucklegung. Der Auer Verlag übernimmt deshalb keine Gewähr für die Aktualität und den Inhalt dieser Internetseiten oder solcher, die mit ihnen verlinkt sind, und schließt jegliche Haftung aus. Hinweisen an info@auer-verlag.de auf veränderte Inhalte verlinkter Seiten werden wir selbstverständlich nachgehen.

Gedruckt auf umweltbewusst gefertigtem, chlorfrei gebleichtem und alterungsbeständigem Papier.

1. Auflage 2016

Sind Internetadressen in diesem Werk angegeben, wurden diese vom Verlag sorgfältig geprüft. Da wir auf die externen Seiten weder inhaltliche noch gestalterische Einflussmöglichkeiten haben, können wir nicht garantieren, dass die Inhalte zu einem späteren Zeitpunkt noch dieselben sind wie zum Zeitpunkt der Drucklegung. Der Auer Verlag übernimmt deshalb keine Gewähr für die Aktualität und den Inhalt dieser Internetseiten oder solcher, die mit ihnen verlinkt sind, und schließt jegliche Haftung aus.

Covergestaltung: Heart Advertising – Werbung mit Herz | Karin Mausz, Augsburg
Illustrationen: Corina Beurenmeister
Satz: Fotosatz H. Buck, Kumhausen
Druck und Bindung: Korrekt Nyomdaipari Kft, Budapest
ISBN 978-3-403-**07857**-9
www.auer-verlag.de

Inhaltsverzeichnis

1.1 Kopfrechenspiele

1.1.1 Deckelaufgaben

- **Material:**

– Kronkorken
– Klebepunkte

- **Vorbereitung:**

Auf der Außenseite jedes Kronkorkens wird ein Klebepunkt mit einer Additions- oder einer Subtraktionsaufgabe befestigt. Das passende Ergebnis wird mit einem weiteren Klebepunkt in die Innenseite des Deckels geklebt.

- **Ablauf:**

Jeder Schüler zieht einen Deckel (mit der Außenseite nach oben), nennt die Aufgabe und löst sie. Anschließend kontrolliert er sich selbst (mithilfe des Ergebnisses auf der Innenseite des Kronkorkens). Diese Übung kann sowohl in Freiarbeitsphasen als auch in Übungsphasen oder zum Stundeneinstieg im Sitzkreis eingesetzt werden.

1.1.2 Bingo

- **Material:**

– M 1.1.2: Bingofelder
– ein Stift pro Schüler

- **Vorbereitung:**

Die Bingofelder werden im Klassensatz kopiert.

- **Ablauf:**

Die Schüler tragen Zahlen ihrer Wahl in die neun Felder eines Bingofeldes ein (je nach Zahlenraum 0 bis 10, 10 bis 20 oder 0 bis 20). Der Lehrer[1] nennt nun nacheinander Additions- und/oder Subtraktionsaufgaben, die zum gewählten Zahlenraum passen. Hat ein Kind das passende Ergebnis, streicht es dieses auf seinem Blatt durch. Sobald ein Schüler drei Felder diagonal, waagerecht oder senkrecht nebeneinander durchgestrichen hat, ruft er laut „Bingo" und gewinnt die Runde.

1.1.3 Aufgaben für die Steckleiste

- **Material:**

– eine Steckleiste[2] pro Partnergruppe
– M 1.1.3: Aufgabenkarten für die Steckleiste (Karten 1–6: ZR 10 Addition, Karten 7–12: ZR 10 Subtraktion, Karten 13–18: ZR 20 Addition, Karten 19–24: ZR 20 Subtraktion)

1 Aufgrund der besseren Lesbarkeit ist in diesem Buch mit Lehrer auch immer Lehrerin gemeint, ebenso verhält es sich mit Schüler und Schülerin etc.
2 Steckleisten sind bei Persen (www.persen.de) unter der Bestell-Nr. 2562 erhältlich.

- **Vorbereitung:**

Die Karten werden kopiert, an der gestrichelten Linie ausgeschnitten, anschließend gefaltet und laminiert.

- **Ablauf:**

Diese Übung ist als Partnerübung konzipiert. Die Schüler sitzen sich gegenüber. Ein Kind steckt eine Karte in die Steckleiste, die zwischen beiden Partnern steht. Es löst die Aufgaben auf der Vorderseite, der Partner kontrolliert die Ergebnisse auf der Rückseite. Anschließend werden die Rollen getauscht.

1.1.4 Memory®

- **Material:**

– M 1.1.4: Memory®-Karten (Kartensatz 1: ZR 10 Addition, Kartensatz 2: ZR 20 Addition, Kartensatz 3: ZR 10 Subtraktion, Kartensatz 4: ZR 20 Subtraktion)

- **Vorbereitung:**

Die Karten werden vergrößert kopiert (jeder Kartensatz mindestens im DIN-A3-Format), ausgeschnitten und laminiert. Um kenntlich zu machen, ob es sich um eine Aufgaben- oder um eine Ergebniskarte handelt, können auf die Rückseite der Karten vor dem Laminieren verschiedene Symbole (z. B. Fragezeichen und Ausrufezeichen) gemalt oder nach dem Laminieren verschiedenfarbige Klebepunkte angebracht werden.

- **Ablauf:**

Gespielt wird nach den bekannten Memory®-Regeln. Der Schüler mit den meisten Paaren gewinnt. Die Ergebnisse liegen mehrfach vor, da sie sich aufgabenbedingt doppeln. Es muss nicht mit allen Karten gespielt werden – Aufgaben- und Ergebniskarten können vor Spielbeginn ausgesucht werden. Ob Aufgaben mit der Null eingesetzt werden sollen, kann der Lehrer im Vorfeld entscheiden.

1.1.5 Trainingsleiter

- **Material:**

– M 1.1.5: Spielfeld „Trainingsleiter“
– Kartensätze von M 1.1.4 oder eigene Übungsaufgaben

- **Vorbereitung:**

Das Spielfeld wird auf DIN A3 vergrößert kopiert und laminiert. Einer der Kartensätze wird auf festes Papier kopiert, die Paare werden zusammengeklebt und unten etwas geknickt, sodass ein stabiler Fuß entsteht.

- **Ablauf:**

Die erste Karte wird auf das Startfeld gestellt. Der Schüler spricht sich die Aufgabe vor, löst sie im Kopf und kontrolliert das Ergebnis auf der Rückseite. Nun wird die Karte mit der Aufgabe nach vorne zeigend eine Sprosse weiter gerückt und eine zweite Karte wird auf das Startfeld gestellt. Mit dieser und der dritten Karte wird ebenso verfahren. Wenn die vierte Karte auf das Startfeld gestellt wird, landet die erste Karte auf der vierten Sprosse und damit auf einem Kontrollfeld. Das Kind muss nun das Ergebnis dieser Aufgabe erneut nennen (Selbstkontrolle auf der Rückseite der Karte). Ist das Ergebnis korrekt, rücken alle Karten eine Sprosse weiter und die nächste Aufgabenkarte wird ins Spiel gebracht. Ist das Ergebnis der Aufgabe auf einem Kontrollfeld falsch, muss es an den Start zurück – egal, wie weit es bis dahin schon gekommen ist. Während des Spielverlaufs werden somit sämtliche Aufgaben immer wieder wiederholt. Das Spiel endet, wenn alle Karten im Ziel angekommen sind.

1.1.6 Vier gewinnt

- **Material:**

- Spielfiguren, Muggelsteine o. Ä. in zwei verschiedenen Farben
- M 1.1.6: Spielfeld „Vier gewinnt“
- zwei sechsseitige Würfel (in verschiedenen Farben) mit den Zahlen 0 bis 5 (dazu die Zahl 6 mit einem Klebepunkt abdecken und die Zahl 0 darauf schreiben)

- **Vorbereitung:**

Das Spielfeld wird kopiert und laminiert.

- **Ablauf:**

Es spielen zwei Schüler gegeneinander. Sie würfeln nacheinander mit beiden Würfeln. Anschließend wird die passende Aufgabe auf dem Spielfeld gesucht und die Summe berechnet. Der Partner kontrolliert. War das Ergebnis richtig, darf das Kind einen Stein in seiner Farbe auf die Aufgabe legen. Nun ist der Partner an der Reihe. Die verschiedenen Würfelfarben können dazu dienen, den 1. und 2. Summanden zu unterscheiden. Wird ein falsches Ergebnis genannt, darf kein Stein gelegt werden. Ist eine Aufgabe auf dem Spielfeld bereits belegt, kann dort kein Stein mehr abgelegt werden. Gewonnen hat, wer zuerst vier Steine in einer Reihe (waagerecht, senkrecht oder diagonal) platziert hat.

M 1.1.2: Bingofelder

M 1.1.3: Aufgabenkarten für die Steckleiste (1–6)

Karte 1
Löse die Aufgaben.

3 + 6 =
4 + 0 =
1 + 9 =
5 + 2 =
2 + 1 =
4 + 3 =
1 + 6 =
2 + 8 =
7 + 3 =
5 + 0 =

Karte 1
Kontrolliere.

3 + 6 = **9**
4 + 0 = **4**
1 + 9 = **10**
5 + 2 = **7**
2 + 1 = **3**
4 + 3 = **7**
1 + 6 = **7**
2 + 8 = **10**
7 + 3 = **10**
5 + 0 = **5**

Karte 2
Löse die Aufgaben.

5 + 5 =
3 + 0 =
6 + 4 =
3 + 3 =
4 + 1 =
2 + 7 =
3 + 5 =
6 + 2 =
4 + 5 =
2 + 3 =

Karte 2
Kontrolliere.

5 + 5 = **10**
3 + 0 = **3**
6 + 4 = **10**
3 + 3 = **6**
4 + 1 = **5**
2 + 7 = **9**
3 + 5 = **8**
6 + 2 = **8**
4 + 5 = **9**
2 + 3 = **5**

Karte 3
Löse die Aufgaben.

1 + 1 =
2 + 0 =
4 + 4 =
1 + 8 =
2 + 4 =
1 + 3 =
2 + 2 =
1 + 0 =
7 + 1 =
1 + 5 =

Karte 3
Kontrolliere.

1 + 1 = **2**
2 + 0 = **2**
4 + 4 = **8**
1 + 8 = **9**
2 + 4 = **6**
1 + 3 = **4**
2 + 2 = **4**
1 + 0 = **1**
7 + 1 = **8**
1 + 5 = **6**

Karte 4
Löse die Aufgaben.

0 + 3 =
7 + 2 =
1 + 1 =
0 + 5 =
1 + 4 =
8 + 1 =
5 + 3 =
4 + 6 =
2 + 2 =
3 + 7 =

Karte 4
Kontrolliere.

0 + 3 = **3**
7 + 2 = **9**
1 + 1 = **2**
0 + 5 = **5**
1 + 4 = **5**
8 + 1 = **9**
5 + 3 = **8**
4 + 6 = **10**
2 + 2 = **4**
3 + 7 = **10**

Karte 5
Löse die Aufgaben.

5 + 5 =
0 + 1 =
8 + 2 =
0 + 4 =
3 + 3 =
6 + 1 =
5 + 4 =
1 + 2 =
2 + 6 =
5 + 1 =

Karte 5
Kontrolliere.

5 + 5 = **10**
0 + 1 = **1**
8 + 2 = **10**
0 + 4 = **4**
3 + 3 = **6**
6 + 1 = **7**
5 + 4 = **9**
1 + 2 = **3**
2 + 6 = **8**
5 + 1 = **6**

Karte 6
Löse die Aufgaben.

0 + 2 =
4 + 4 =
6 + 3 =
1 + 7 =
3 + 2 =
9 + 1 =
2 + 5 =
3 + 4 =
4 + 2 =
3 + 1 =

Karte 6
Kontrolliere.

0 + 2 = **2**
4 + 4 = **8**
6 + 3 = **9**
1 + 7 = **8**
3 + 2 = **5**
9 + 1 = **10**
2 + 5 = **7**
3 + 4 = **7**
4 + 2 = **6**
3 + 1 = **4**

M 1.1.3: Aufgabenkarten für die Steckleiste (7–12)

Karte 7 ?
Löse die Aufgaben.

5 − 5 =
8 − 1 =
7 − 3 =
10 − 9 =
6 − 0 =
3 − 2 =
4 − 3 =
9 − 4 =
1 − 1 =
8 − 6 =

Karte 7 !
Kontrolliere.

5 − 5 = **0**
8 − 1 = **7**
7 − 3 = **4**
10 − 9 = **1**
6 − 0 = **6**
3 − 2 = **1**
4 − 3 = **1**
9 − 4 = **5**
1 − 1 = **0**
8 − 6 = **2**

Karte 8 ?
Löse die Aufgaben.

2 − 1 =
9 − 2 =
6 − 5 =
4 − 4 =
9 − 7 =
10 − 10 =
5 − 2 =
7 − 1 =
1 − 0 =
5 − 4 =

Karte 8 !
Kontrolliere.

2 − 1 = **1**
9 − 2 = **7**
6 − 5 = **1**
4 − 4 = **0**
9 − 7 = **2**
10 − 10 = **0**
5 − 2 = **3**
7 − 1 = **6**
1 − 0 = **1**
5 − 4 = **1**

Karte 9 ?
Löse die Aufgaben.

10 − 3 =
8 − 8 =
3 − 0 =
6 − 2 =
9 − 1 =
4 − 2 =
6 − 3 =
8 − 3 =
7 − 7 =
10 − 8 =

Karte 9 !
Kontrolliere.

10 − 3 = **7**
8 − 8 = **0**
3 − 0 = **3**
6 − 2 = **4**
9 − 1 = **8**
4 − 2 = **2**
6 − 3 = **3**
8 − 3 = **5**
7 − 7 = **0**
10 − 8 = **2**

Karte 10 ?
Löse die Aufgaben.

5 − 3 =
2 − 2 =
9 − 6 =
7 − 4 =
10 − 5 =
6 − 1 =
2 − 0 =
8 − 2 =
9 − 8 =
10 − 7 =

Karte 10 !
Kontrolliere.

5 − 3 = **2**
2 − 2 = **0**
9 − 6 = **3**
7 − 4 = **3**
10 − 5 = **5**
6 − 1 = **5**
2 − 0 = **2**
8 − 2 = **6**
9 − 8 = **1**
10 − 7 = **3**

Karte 11 ?
Löse die Aufgaben.

7 − 2 =
6 − 4 =
4 − 1 =
3 − 3 =
8 − 5 =
6 − 6 =
10 − 2 =
5 − 0 =
9 − 5 =
10 − 6 =

Karte 11 !
Kontrolliere.

7 − 2 = **5**
6 − 4 = **2**
4 − 1 = **3**
3 − 3 = **0**
8 − 5 = **3**
6 − 6 = **0**
10 − 2 = **8**
5 − 0 = **5**
9 − 5 = **4**
10 − 6 = **4**

Karte 12 ?
Löse die Aufgaben.

5 − 1 =
10 − 4 =
8 − 7 =
9 − 3 =
7 − 5 =
9 − 0 =
3 − 1 =
8 − 4 =
7 − 6 =
10 − 1 =

Karte 12 !
Kontrolliere.

5 − 1 = **4**
10 − 4 = **6**
8 − 7 = **1**
9 − 3 = **6**
7 − 5 = **2**
9 − 0 = **9**
3 − 1 = **2**
8 − 4 = **4**
7 − 6 = **1**
10 − 1 = **9**

M 1.1.3: Aufgabenkarten für die Steckleiste (13–18)

Karte 13
Löse die Aufgaben.

2 + 9 =
7 + 7 =
9 + 10 =
6 + 8 =
4 + 9 =
5 + 8 =
10 + 10 =
10 + 1 =
8 + 9 =
3 + 8 =

Karte 13
Kontrolliere.

2 + 9 = **11**
7 + 7 = **14**
9 + 10 = **19**
6 + 8 = **14**
4 + 9 = **13**
5 + 8 = **13**
10 + 10 = **20**
10 + 1 = **11**
8 + 9 = **17**
3 + 8 = **11**

Karte 14
Löse die Aufgaben.

10 + 2 =
5 + 6 =
8 + 8 =
7 + 9 =
4 + 10 =
6 + 7 =
9 + 5 =
6 + 6 =
4 + 8 =
8 + 7 =

Karte 14
Kontrolliere.

10 + 2 = **12**
5 + 6 = **11**
8 + 8 = **16**
7 + 9 = **16**
4 + 10 = **14**
6 + 7 = **13**
9 + 5 = **14**
6 + 6 = **12**
4 + 8 = **12**
8 + 7 = **15**

Karte 15
Löse die Aufgaben.

3 + 9 =
7 + 4 =
10 + 5 =
7 + 5 =
9 + 9 =
4 + 8 =
7 + 10 =
7 + 7 =
8 + 5 =
6 + 8 =

Karte 15
Kontrolliere.

3 + 9 = **12**
7 + 4 = **11**
10 + 5 = **15**
7 + 5 = **12**
9 + 9 = **18**
4 + 8 = **12**
7 + 10 = **17**
7 + 7 = **14**
8 + 5 = **13**
6 + 8 = **14**

Karte 16
Löse die Aufgaben.

10 + 3 =
5 + 7 =
6 + 9 =
6 + 6 =
7 + 8 =
10 + 8 =
9 + 8 =
4 + 7 =
6 + 10 =
9 + 2 =

Karte 16
Kontrolliere.

10 + 3 = **13**
5 + 7 = **12**
6 + 9 = **15**
6 + 6 = **12**
7 + 8 = **15**
10 + 8 = **18**
9 + 8 = **17**
4 + 7 = **11**
6 + 10 = **16**
9 + 2 = **11**

Karte 17
Löse die Aufgaben.

8 + 3 =
5 + 8 =
6 + 5 =
4 + 10 =
9 + 7 =
7 + 6 =
10 + 2 =
8 + 8 =
9 + 4 =
1 + 10 =

Karte 17
Kontrolliere.

8 + 3 = **11**
5 + 8 = **13**
6 + 5 = **11**
4 + 10 = **14**
9 + 7 = **16**
7 + 6 = **13**
10 + 2 = **12**
8 + 8 = **16**
9 + 4 = **13**
1 + 10 = **11**

Karte 18
Löse die Aufgaben.

9 + 3 =
8 + 8 =
7 + 10 =
5 + 9 =
4 + 7 =
10 + 10 =
9 + 6 =
5 + 6 =
10 + 3 =
7 + 7 =

Karte 18
Kontrolliere.

9 + 3 = **12**
8 + 8 = **16**
7 + 10 = **17**
5 + 9 = **14**
4 + 7 = **11**
10 + 10 = **20**
9 + 6 = **15**
5 + 6 = **11**
10 + 3 = **13**
7 + 7 = **14**

M 1.1.3: Aufgabenkarten für die Steckleiste (19–24)

Karte 19
Löse die Aufgaben.

18 − 9 =
11 − 2 =
13 − 5 =
17 − 8 =
14 − 9 =
12 − 7 =
16 − 7 =
13 − 9 =
15 − 7 =
12 − 5 =

Karte 19
Kontrolliere.

18 − 9 = **9**
11 − 2 = **9**
13 − 5 = **8**
17 − 8 = **9**
14 − 9 = **5**
12 − 7 = **5**
16 − 7 = **9**
13 − 9 = **4**
15 − 7 = **8**
12 − 5 = **7**

Karte 20
Löse die Aufgaben.

16 − 9 =
11 − 6 =
15 − 6 =
13 − 7 =
17 − 9 =
14 − 8 =
11 − 4 =
15 − 9 =
16 − 7 =
13 − 6 =

Karte 20
Kontrolliere.

16 − 9 = **7**
11 − 6 = **5**
15 − 6 = **9**
13 − 7 = **6**
17 − 9 = **8**
14 − 8 = **6**
11 − 4 = **7**
15 − 9 = **6**
16 − 7 = **9**
13 − 6 = **7**

Karte 21
Löse die Aufgaben.

16 − 8 =
11 − 9 =
13 − 9 =
12 − 6 =
14 − 7 =
11 − 5 =
12 − 4 =
11 − 8 =
15 − 6 =
12 − 8 =

Karte 21
Kontrolliere.

16 − 8 = **8**
11 − 9 = **2**
13 − 9 = **4**
12 − 6 = **6**
14 − 7 = **7**
11 − 5 = **6**
12 − 4 = **8**
11 − 8 = **3**
15 − 6 = **9**
12 − 8 = **4**

Karte 22
Löse die Aufgaben.

13 − 4 =
11 − 7 =
14 − 5 =
12 − 9 =
11 − 3 =
12 − 3 =
13 − 8 =
17 − 8 =
14 − 6 =
15 − 8 =

Karte 22
Kontrolliere.

13 − 4 = **9**
11 − 7 = **4**
14 − 5 = **9**
12 − 9 = **3**
11 − 3 = **8**
12 − 3 = **9**
13 − 8 = **5**
17 − 8 = **9**
14 − 6 = **8**
15 − 8 = **7**

Karte 23
Löse die Aufgaben.

18 − 9 =
13 − 7 =
11 − 9 =
12 − 3 =
14 − 5 =
15 − 8 =
12 − 8 =
16 − 9 =
14 − 8 =
13 − 6 =

Karte 23
Kontrolliere.

18 − 9 = **9**
13 − 7 = **6**
11 − 9 = **2**
12 − 3 = **9**
14 − 5 = **9**
15 − 8 = **7**
12 − 8 = **4**
16 − 9 = **7**
14 − 8 = **6**
13 − 6 = **7**

Karte 24
Löse die Aufgaben.

16 − 8 =
11 − 6 =
13 − 7 =
14 − 6 =
11 − 4 =
15 − 9 =
12 − 5 =
17 − 9 =
13 − 4 =
14 − 7 =

Karte 24
Kontrolliere.

16 − 8 = **8**
11 − 6 = **5**
13 − 7 = **6**
14 − 6 = **8**
11 − 4 = **7**
15 − 9 = **6**
12 − 5 = **7**
17 − 9 = **8**
13 − 4 = **9**
14 − 7 = **7**

M 1.1.4: Memory®-Karten (1)

1 + 1	2	1 + 2	3	1 + 4	5
1 + 5	6	1 + 6	7	1 + 8	9
1 + 9	10	4 + 0	4	10 + 0	10
2 + 2	4	2 + 3	5	2 + 4	6
2 + 5	7	2 + 6	8	2 + 7	9
2 + 8	10	3 + 3	6	3 + 4	7
3 + 5	8	3 + 6	9	3 + 7	10
4 + 4	8	4 + 5	9	4 + 6	10
5 + 5	10	7 + 0	7	1 + 0	1

M 1.1.4: Memory®-Karten (2)

6 + 6	12	7 + 7	14	8 + 8	16
9 + 9	18	10 + 10	20	9 + 10	19
2 + 9	11	2 + 10	12	3 + 8	11
3 + 9	12	3 + 10	13	4 + 7	11
4 + 8	12	4 + 9	13	8 + 10	18
5 + 6	11	5 + 7	12	5 + 8	13
5 + 9	14	5 + 10	15	6 + 7	13
6 + 8	14	6 + 9	15	8 + 9	17
7 + 8	15	7 + 9	16	7 + 10	17

M 1.1.4: Memory®-Karten (3)

1 − 1	0	1 − 0	1	10 − 8	2
10 − 7	3	10 − 6	4	6 − 3	3
10 − 4	6	4 − 2	2	10 − 2	8
6 − 2	4	6 − 1	5	7 − 5	2
9 − 8	1	9 − 7	2	9 − 6	3
9 − 5	4	8 − 2	6	9 − 3	6
9 − 2	7	4 − 3	1	9 − 0	9
7 − 7	0	7 − 3	4	8 − 6	2
7 − 4	3	8 − 4	4	8 − 3	5

M 1.1.4: Memory®-Karten (4)

11 − 3	8	18 − 9	9	17 − 9	8
17 − 8	9	16 − 9	7	16 − 8	8
16 − 7	9	12 − 4	8	15 − 8	7
15 − 7	8	15 − 6	9	11 − 6	5
14 − 8	6	14 − 7	7	14 − 6	8
14 − 5	9	11 − 4	7	13 − 8	5
13 − 7	6	13 − 6	7	13 − 5	8
11 − 5	6	12 − 9	3	12 − 3	9
12 − 7	5	12 − 6	6	12 − 5	7

M 1.1.5: Spielfeld „Trainingsleiter“

M 1.1.6: Spielfeld „Vier gewinnt“

0 + 0	0 + 1	0 + 2	0 + 3	0 + 4	0 + 5
1 + 0	1 + 1	1 + 2	1 + 3	1 + 4	1 + 5
2 + 0	2 + 1	2 + 2	2 + 3	2 + 4	2 + 5
3 + 0	3 + 1	3 + 2	3 + 3	3 + 4	3 + 5
4 + 0	4 + 1	4 + 2	4 + 3	4 + 4	4 + 5
5 + 0	5 + 1	5 + 2	5 + 3	5 + 4	5 + 5

1.2 *Wegespiele*

1.2.1 Von Schlangen und Leitern

- **Material:**

– ein Würfel
– eine Spielfigur pro Schüler
– M 1.2.1: Spielfeld „Von Schlangen und Leitern“ (Spielfeld 1: ZR 10 Addition und Subtraktion, Spielfeld 2: ZR 20 Addition und Subtraktion)

- **Vorbereitung:**

Das Spielfeld wird kopiert und laminiert.

- **Ablauf:**

Alle Spielfiguren werden auf das Startfeld gesetzt. Der jüngste Schüler beginnt. Er würfelt und rückt die gewürfelte Augenzahl nach vorne. Kann er das Ergebnis der Aufgabe, auf deren Feld er gelandet ist, richtig nennen, darf er noch einmal würfeln. Ist das Ergebnis falsch, ist das nächste Kind an der Reihe, das jedoch zuerst das Ergebnis dieser Aufgabe nennen muss, bevor es selbst würfeln darf. Kann es das Ergebnis nicht nennen, ist wiederum der nächste Schüler an der Reihe. Jedes Kind darf nur maximal zwei Züge hintereinander machen, bevor der nächste Spieler an der Reihe ist. Kommt ein Schüler auf ein Feld mit einer Leiter, darf er auf das angezeigte Feld hochklettern, wenn er das Ergebnis richtig nennt. Trifft ein Kind auf ein Feld mit einer Schlange, fällt es automatisch auf das angezeigte Feld zurück. Gewonnen hat, wer als Erster das Ziel erreicht.

1.2.2 Wettrennen

- **Material:**

– ein Würfel
– eine Spielfigur pro Schüler
– Kartensätze von M 1.1.4 oder eigene Übungsaufgaben
– M 1.2.2: Karten „Start“ und „Ziel“

- **Vorbereitung:**

Die Kartensätze werden kopiert und laminiert.

- **Ablauf:**

Je nach Zahlenraum werden die entsprechenden Aufgaben- und Ergebniskarten wahllos in einer Reihe auf den Tisch gelegt. Die Spielfiguren werden auf das Startfeld gestellt. Der erste Schüler würfelt und zieht die entsprechende Anzahl an Feldern nach vorne. Kommt er auf eine Aufgabenkarte, darf er zum passenden Ergebnis vorgehen. Es kann auch passieren, dass das passende Ergebnis weiter hinten liegt – dann muss er zurück zu dieser Karte gehen. Kommt man mit der gewürfelten Augenzahl auf ein Ergebnisfeld, darf man zu einer passenden Aufgabe vor- oder eben zurückspringen. Gewonnen hat der Schüler, der zuerst im Ziel angekommen ist. Vor Spielbeginn sollte der Lehrer entscheiden, ob jedes Ergebnis nur einmal oder mehrfach vorhanden sein soll.

M 1.2.2: Karten „Start“ und „Ziel“

A. Kipper / K. Krüger: Grundaufgaben Mathematik automatisieren: 1 + 1 & 1 − 1

M 1.2.1: Spielfeld „Von Schlangen und Leitern“ (1)

ZIEL	3+4	10−10	2+3	8−4	9−7	1+9	5+5	3+7	1+5
8−0	9−2	1+1	10−4	5−5	3−2	7−4	4−4	9−6	10−2
5−1	8−5	7−0	9−6	1−0	5−3	2−2	8−3	6−1	3−1
1+7	10−6	4−1	3+5	7−5	1+2	2+0	10−5	1+0	8−2
4+5	6−4	7−3	9−9	4+6	6−5	10−9	7−2	9−5	5+0
4−0	2+6	9−3	1+3	5−0	2−1	6−4	5−4	4−3	3+3
7−1	10−3	8−1	5−2	2−0	2+5	9−4	3−0	1+4	10−8
6−3	8−6	1−1	6−0	8−8	6−2	10−1	2+8	9−0	7−6
2+2	9−8	3−3	4−2	9−1	7−7	5−3	8−7	6−6	3+0
START	4+4	1+6	10−0	2+7	4+0	1+8	3+6	10−7	2+4

M 1.2.1: Spielfeld „Von Schlangen und Leitern“ (2)

ZIEL	6 + 6	16 − 8	12 − 9	4 + 8	13 − 7	6 + 10	17 − 8	5 + 7	2 + 10
8 + 7	16 − 9	18 − 9	12 − 8	11 − 9	10 + 10	14 − 9	8 + 4	13 − 9	8 + 9
11 − 2	9 + 4	12 − 4	5 + 9	16 − 8	3 + 9	13 − 6	11 − 6	9 + 6	13 − 4
7 + 6	4 + 10	8 + 6	11 − 8	9 + 9	16 − 9	14 − 9	4 + 9	14 − 8	9 + 10
16 − 7	7 + 5	9 + 5	15 − 6	13 − 8	14 − 7	9 + 8	14 − 5	6 + 8	4 + 7
12 − 3	7 + 4	14 − 5	2 + 9	11 − 4	7 + 7	12 − 6	17 − 8	8 + 5	12 − 5
3 + 10	5 + 8	11 − 3	12 − 6	7 + 10	11 − 6	16 − 7	9 + 3	15 − 7	7 + 8
11 − 2	9 + 2	14 − 6	6 + 7	11 − 4	15 − 7	13 − 5	6 + 9	17 − 9	12 − 7
13 − 6	8 + 10	13 − 8	9 + 7	15 − 9	5 + 6	17 − 9	11 − 5	8 + 4	5 + 10
START	1 + 10	18 − 9	11 − 7	7 + 9	12 − 8	14 − 7	8 + 8	15 − 8	3 + 8

1.3 Kartenspiele

1.3.1 Farben sammeln

- **Material:**

– M 1.3.1: Karten „Farben sammeln“
– je vier Spielmarken in den Farben Rot, Blau, Gelb und Grün

- **Vorbereitung:**

Die Karten werden mindestens vier Mal kopiert, in den Farben Rot, Blau, Gelb und Grün angemalt und laminiert.

- **Ablauf:**

Gespielt werden kann in Gruppen von zwei bis vier Schülern. Jedes Kind bekommt zwei Karten, die restlichen Karten liegen als Nachziehstapel verdeckt in der Mitte des Tisches. Vor Spielbeginn wird festgelegt, welches Ergebnis es zu erreichen gilt. Kann ein Schüler dieses Ergebnis mit seinen beiden Karten auf der Hand erreichen, legt er die Karten ab und nimmt sich eine Spielmarke in der Farbe einer der beiden Karten (hat ein Kind zum Beispiel eine rote und eine grüne Karte abgelegt, kann es sich entweder eine rote oder eine grüne Spielmarke als Gewinn nehmen). Kann ein Schüler das Ergebnis mit den beiden Karten auf der Hand nicht erreichen, legt er eine Karte auf den Wegwerfstapel und zieht eine neue Karte. Dann ist der nächste Schüler an der Reihe. Das Spiel endet, wenn das erste Kind Spielmarken in allen vier Farben hat. Der Lehrer kann im Vorfeld entscheiden, ob jede Zahl nur ein Mal in allen vier Farben vorkommen oder ob sie mehrmals vorhanden sein soll (dann entsprechend oft kopieren).

- **Variation:**

Dieses Spiel zielt vorrangig auf das Trainieren der Addition. Der Lehrer kann überlegen, ob Subtraktionsaufgaben ebenfalls zugelassen werden sollen oder nicht.

1.3.2 Klingeling

- **Material:**

– eine Klingel oder ein anderes geräuscherzeugendes Instrument
– Karten von M 1.3.1 oder eigene Übungsaufgaben

- **Vorbereitung:**

Die Karten werden mindestens sechs Mal kopiert, ausgeschnitten und laminiert.

- **Ablauf:**

Gespielt wird in Partnergruppen. Die Kinder sitzen sich gegenüber, zwischen ihnen steht eine Klingel oder ein anderes geräuscherzeugendes Instrument. Die Karten werden gerecht an beide Schüler verteilt. Der Kartenstapel liegt verdeckt vor ihnen. Vor Spielbeginn muss verabredet werden, welches Ergebnis es zu erreichen gilt. Die Kinder decken nun **gleichzeitig** eine Karte ihres Stapels auf. Entspricht die Summe beider Karten dem verabredeten Ergebnis, gewinnt das Kind die Karten, welches zuerst auf die Klingel schlägt. Das Spiel gewinnt der Schüler, bei dem alle Karten auf seinem Stapel liegen.

- **Variationen:**

– Das zu erreichende Ergebnis kann während des Spielverlaufs geändert werden.
– Möglich ist auch, dass nicht nur Additions- sondern auch Subtraktionsaufgaben zugelassen werden.

– Es kann entweder nur mit den Zahlenkarten 0 bis 5 gespielt werden (Trainieren der Addition bis 10) oder mit allen Zahlenkarten (Trainieren der Addition bis 20 und der Subtraktion im Zahlenraum bis 10).

1.3.3 Ich hab's!

- **Material:**

– M1.3.3: Karten „Ich hab's!" (Kartensatz 1: ZR 10 Addition, Kartensatz 2: ZR 10 Subtraktion, Kartensatz 3: Jokerkarten, Kartensatz 4: Blankokarten zum Erstellen eigener Aufgabenkarten, z.B. Erweiterung des Zahlenraums bis 20)

- **Vorbereitung:**

Die Karten werden mindestens vier Mal kopiert, in den Farben Rot, Blau, Gelb und Grün angemalt und laminiert.

- **Ablauf:**

Gespielt wird in Partnergruppen, da die Anzahl der Karten bei der Addition im Zahlenraum bis 10 begrenzt ist. Es gelten die Regeln des bekannten Uno®-Spiels. Jeweils fünf Karten werden an die Kinder verteilt. Die restlichen Karten liegen als Nachziehstapel verdeckt auf dem Tisch. Eine Karte wird vom Stapel gezogen und offen hingelegt. Nun wird abwechselnd gespielt. Der erste Schüler nennt das Ergebnis der offenliegenden Karte und legt dann entweder eine Karte ab, die dieselbe Farbe oder die dasselbe Ergebnis hat. Alternativ kann ein Joker eingesetzt werden. Kann ein Kind keine Karte ablegen, muss es vom Nachziehstapel ziehen. Nennt ein Schüler ein falsches Ergebnis, ist der andere an der Reihe. Hat ein Kind nur noch eine Karte auf der Hand, sagt es: „Ich hab's!" Vergisst es das, muss es zwei Strafkarten vom Stapel ziehen. Gewonnen hat der Schüler, der zuerst alle Karten abgelegt hat.

Es gibt folgende Jokerkarten:

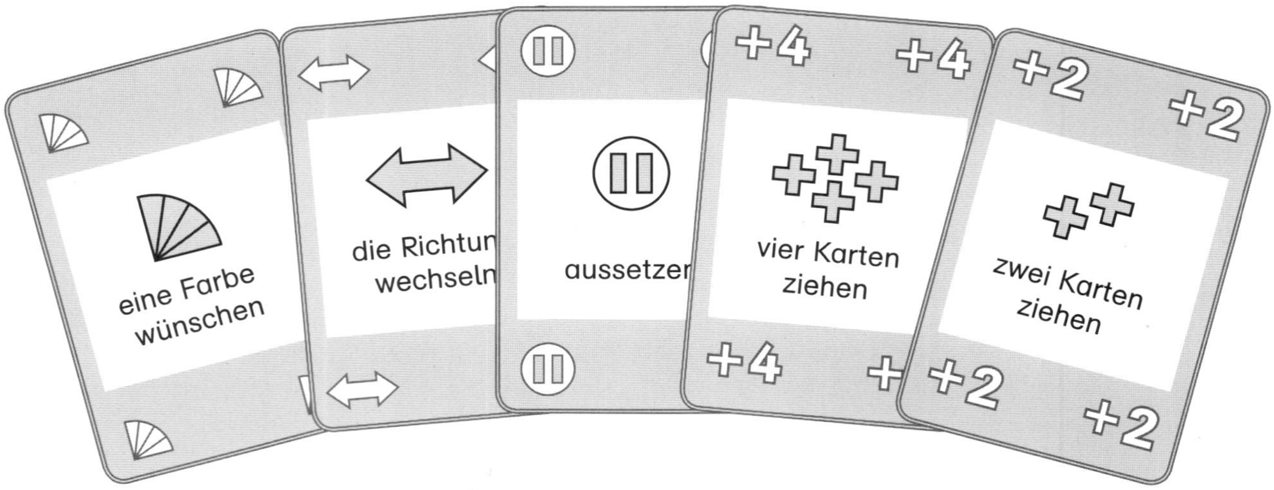

1.3.4 Domino

- **Material:**

– M1.3.4: Dominokarten (Kartensätze 1 und 2: ZR 10 Addition, Kartensätze 3 und 4: ZR 10 Subtraktion, Kartensätze 5 und 6: ZR 10 Addition und Subtraktion, Kartensätze 7 und 8: Gemischtes Ergebnis-Domino (es muss jeweils die Karte mit demselben Ergebnis angelegt werden), Kartensatz 9: Blankovorlage zum Erstellen eigener Dominos)

- **Vorbereitung:**

Die Kartensätze werden kopiert, an der gestrichelten Linie ausgeschnitten und laminiert. Zur schnellen optischen Unterscheidung der Dominos kann es sinnvoll sein, diese auf verschiedenfarbiges Papier zu kopieren, sie mit Klebepunkten in verschiedenen Farben oder mit unterschiedlichen Symbolen zu kennzeichnen

- **Ablauf:**

Diese Übung ist als Einzelübung konzipiert.

M 1.3.1: Karten „Farben sammeln“

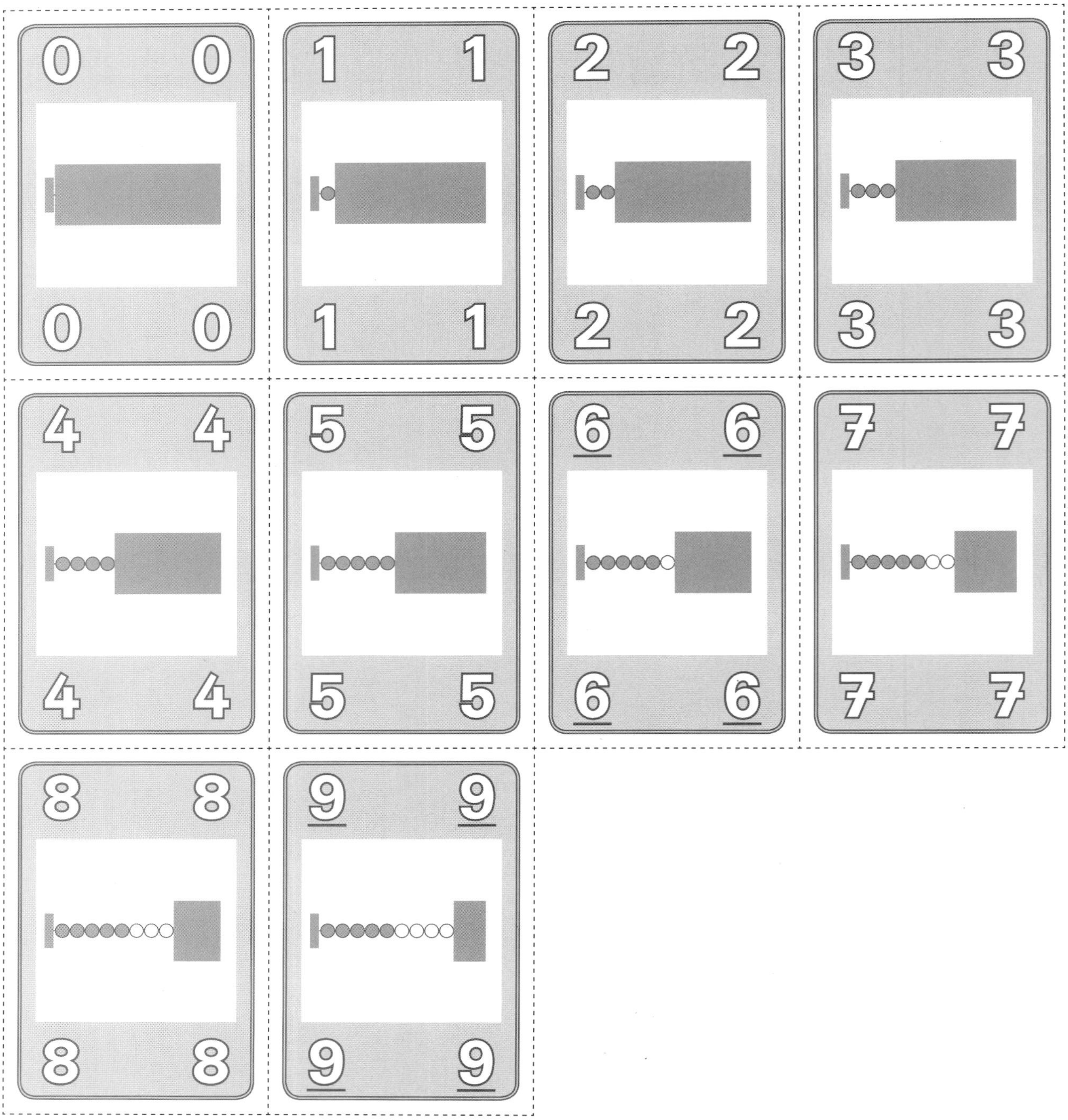

M 1.3.3: Karten „Ich hab's!“ (1)

1+1	1+2	1+3	1+4
1+5	1+6	1+7	1+8
1+9	1+0	2+2	2+3
2+4	2+5	2+6	2+7

2+8	2+0	3+3	3+4
3+5	3+6	3+7	3+0
4+4	4+5	4+6	4+0
5+5	5+0		

M 1.3.3: Karten „Ich hab's!" (2)

10 − 0	10 − 1	10 − 2	10 − 3
10 − 4	10 − 5	10 − 6	10 − 7
10 − 8	10 − 9	10 − 10	9 − 9
9 − 8	9 − 7	9 − 6	9 − 5

9 − 4	9 − 3	9 − 2	9 − 1
9 − 0	8 − 8	8 − 7	8 − 6
8 − 5	8 − 4	8 − 3	8 − 2
8 − 1	8 − 0	7 − 7	7 − 6

7 − 5	7 − 4	7 − 3	7 − 2
7 − 1	7 − 0	6 − 6	6 − 5
6 − 4	6 − 3	6 − 2	6 − 1
6 − 0	5 − 5	5 − 4	5 − 3

5−2	5−1	5−0	4−4
4−3	4−2	4−1	4−0
3−3	3−2	3−1	3−0
2−2	2−1	2−0	1−1

M 1.3.3: Karten „Ich hab's!“ (3)

M 1.3.3: Karten „Ich hab's!" (4)

M 1.3.4: Dominokarten (1–3)

Kartensatz 1

Start	3 + 7	10	2 + 3	5	0 + 1
1	4 + 2	6	4 + 5	9	1 + 3
4	5 + 3	8	1 + 1	2	4 + 3
7	1 + 2	3	Ziel		

Kartensatz 2

Start	2 + 2	4	1 + 0	1	0 + 3
3	7 + 2	9	1 + 6	7	5 + 5
10	2 + 0	2	4 + 1	5	2 + 6
8	3 + 3	6	Ziel		

Kartensatz 3

Start	8 – 4	4	5 – 5	0	10 – 2
8	7 – 4	3	10 – 1	9	8 – 2
6	9 – 7	2	9 – 4	5	3 – 2
1	10 – 0	10	8 – 1	7	Ziel

M 1.3.4: Dominokarten (4–6)

Kartensatz 4

Start	7 – 1	6	9 – 0	9	10 – 0
10	6 – 3	3	8 – 8	0	7 – 5
2	2 – 1	1	9 – 2	7	10 – 5
5	9 – 1	8	7 – 3	4	Ziel

Kartensatz 5

Start	6 – 2	4	3 + 6	9	8 – 5
3	7 – 7	0	2 + 5	7	8 – 6
2	3 + 2	5	6 + 4	10	10 – 4
6	4 – 3	1	4 + 4	8	Ziel

Kartensatz 6

Start	10 – 9	1	5 – 2	3	7 – 2
5	2 + 8	10	1 + 7	8	3 – 1
2	7 – 0	7	9 – 3	6	8 + 1
9	9 – 5	4	3 – 3	0	Ziel

M 1.3.4: Dominokarten (7–9)

Kartensatz 7

Start	5 + 4	6 + 3	10 – 4	7 – 1	9 – 8
0 + 1	5 + 5	8 + 2	3 – 3	8 – 8	2 + 3
6 – 1	4 + 4	10 – 2	6 – 4	7 – 5	7 – 3
3 + 1	3 + 4	5 + 2	10 – 7	2 + 1	Ziel

Kartensatz 8

Start	1 + 4	10 – 5	3 – 2	6 – 5	7 + 3
4 + 6	1 – 1	9 – 9	4 + 3	9 – 2	9 – 6
5 – 2	5 + 3	9 – 1	10 – 8	9 – 7	7 + 2
10 – 1	2 + 2	9 – 5	3 + 3	9 – 3	Ziel

Kartensatz 9

Start					
					Ziel

1.4 Würfelspiele

1.4.1 Aufgaben würfeln

▪ **Material:**

– zwei verschiedene Würfel (Zahlen auf den Würfeln variieren je nach gewünschtem Zahlenraum, maximal zwei Zehnerwürfel)

▪ **Vorbereitung:**

Es ist keine Vorbereitung nötig.

▪ **Ablauf:**

Die Schüler würfeln mit den beiden Würfeln Aufgaben. Entweder entscheiden sie vor jedem Wurf, ob sie plus oder minus rechnen werden, oder die beiden Rechenoperationen wechseln sich ab.

1.4.2 Steinchenklau

▪ **Material:**

– M 1.4.2: Spielfeld „Steinchenklau" (Spielfeld 1: ZR 10 Addition und Subtraktion, Spielfeld 2: ZR 20 Addition und Subtraktion)
– ein Würfel
– zwei Spielfiguren
– Spielmarken

▪ **Vorbereitung:**

Die Spielfelder werden kopiert und laminiert. Die Tierspuren und Zahlen auf den Luftballons können zur besseren optischen Differenzierung vor dem Laminieren angemalt werden.

▪ **Ablauf:**

Gespielt wird in Partnergruppen. Vor Spielbeginn werden die Spielmarken auf die Felder gelegt. Anschließend sucht sich jedes Kind ein Startfeld aus und nimmt die darauf liegende Spielmarke an sich. Nun wird abwechselnd gewürfelt. Das Kind entscheidet nun, ob es von seiner Zahl ausgehend die gewürfelte Augenzahl addieren oder subtrahieren möchte. Es setzt seine Spielfigur auf das entsprechende Feld und nimmt die Spielmarke, die auf dem Feld liegt, an sich (liegt keine Spielmarke mehr auf dem Feld, setzt das Kind seine Spielfigur auf das leere Feld). Das Spiel endet, wenn alle Spielmarken von den Feldern genommen wurden. Gewonnen hat das Kind mit den meisten Spielmarken.

1.4.3 Autos mieten

▪ **Material:**

– Spielfiguren, Muggelsteine o.Ä. in zwei verschiedenen Farben
– M 1.4.3: Spielfeld „Autos mieten"
– zwei sechsseitige Würfel mit den Zahlen 0 bis 5 (dazu die Zahl 6 mit einem Klebepunkt abdecken und die Zahl 0 darauf schreiben)

▪ **Vorbereitung:**

Der Spielplan wird kopiert und laminiert.

■ **Ablauf:**

Es spielen zwei Kinder gegeneinander. Sie würfeln nacheinander mit den beiden Würfeln. Das erste Kind berechnet die Summe der beiden gewürfelten Augenzahlen und besetzt mit seinem Stein das entsprechende Auto. Der Partner kontrolliert. Nun ist der Partner an der Reihe. Wird ein falsches Ergebnis genannt, darf kein Stein abgelegt werden. Ist ein Auto bereits mit einem Stein des Partners besetzt, wird dieser entfernt, dem Partner zurückgegeben und der eigene Stein auf dem Auto abgelegt. Würfelt ein Kind zwei Nullen, darf es sich ein Auto aussuchen, auf dem es seinen Stein platziert. Gespielt wird, bis alle Autos belegt sind. Sieger ist, wer die meisten Autos besetzt hat.

1.4.4 Welches Tier gewinnt?

■ **Material:**

- M 1.4.4: Spielkarten „Welches Tier gewinnt?“
- zwei zehnseitige Würfel mit den Zahlen 1 bis 10
- mindestens ein Folienstift

■ **Vorbereitung:**

Die Spielkarten werden vergrößert kopiert (jede Karte mindestens im DIN-A5-Format) und laminiert.

■ **Ablauf:**

Es können zwei bis vier Schüler gegeneinander spielen. Jedes Kind wählt eine Spielkarte. Der erste Schüler würfelt mit beiden Würfeln und berechnet die Summe der beiden Augenzahlen. Anschließend streicht er mit dem Folienstift auf seiner Karte das Feld mit der Ergebniszahl durch. Der Partner kontrolliert. Nun ist der Partner an der Reihe. Gewonnen hat das Kind, dessen Felder zuerst alle durchgestrichen wurden.

1.4.5 Das hungrige Nilpferd (ZR 10)

■ **Material:**

- je vier Spielfiguren, Muggelsteine o. Ä. pro Schüler
- M 1.4.5: Spielfeld „Das hungrige Nilpferd (ZR 10)“
- zwei sechsseitige Würfel mit den Zahlen 0 bis 5 (dazu die Zahl 6 mit einem Klebepunkt abdecken und die Zahl 0 darauf schreiben)

■ **Vorbereitung:**

Das Spielfeld wird kopiert und laminiert.

■ **Ablauf:**

Es spielen zwei Kinder gegeneinander. Sie würfeln nacheinander mit den beiden Würfeln. Der erste Schüler berechnet die Summe der beiden gewürfelten Augenzahlen und besetzt mit einem der vier Steine die entsprechende Zahl. Der Partner kontrolliert. Nun ist der Partner an der Reihe. Wird ein falsches Ergebnis genannt, darf kein Stein abgelegt werden. Würfelt ein Kind ein Ergebnis, das bereits besetzt ist, darf es sich den Stein nehmen und diesen später einsetzen. Wird die Summe 7 gewürfelt, wird der Stein aus dem Spiel genommen. Er steht keinem mehr zur Verfügung. Das Spiel ist beendet, wenn ein Schüler keine Steine mehr hat. Dieser Schüler hat verloren.

1.4.6 Das hungrige Nilpferd (ZR 20)

- **Material:**

– je sechs Spielfiguren, Muggelsteine o. Ä. pro Schüler
– M 1.4.6: Spielfeld „Das hungrige Nilpferd (ZR 20)"
– zwei zehnseitige Würfel mit den Zahlen 1 bis 10

- **Vorbereitung:**

Das Spielfeld wird kopiert und laminiert.

- **Ablauf:**

Es spielen zwei Kinder gegeneinander. Sie würfeln nacheinander mit den beiden Würfeln. Der erste Schüler berechnet die Summe der beiden gewürfelten Augenzahlen und besetzt mit einem der sechs Steine die entsprechende Zahl. Der Partner kontrolliert. Nun ist der Partner an der Reihe. Wird ein falsches Ergebnis genannt, darf kein Stein abgelegt werden. Würfelt ein Kind ein Ergebnis, das bereits besetzt ist, so darf es sich den Stein nehmen und diesen später einsetzen. Wird die Summe 7, 10 oder 13 gewürfelt, wird der Stein aus dem Spiel genommen. Er steht keinem mehr zur Verfügung. Das Spiel ist beendet, wenn ein Schüler keine Steine mehr hat. Dieser Schüler hat verloren.

1.4.7 Teamarbeit – Zerlegt geschickt!

- **Material:**

– M 1.4.7: Zahlenkarten
– zwei zehnseitige Würfel mit den Zahlen 1 bis 10

- **Vorbereitung:**

Die Zahlenkarten von 1 bis 10 werden kopiert, laminiert und zugeschnitten.

- **Ablauf:**

Die Schüler können dieses Spiel alleine oder zu zweit als Team spielen. Sie legen die Zahlenkarten vor sich auf den Tisch. Anschließend würfeln sie abwechselnd mit den beiden Würfeln. Entsprechend der Augensumme darf eine passende Zahlzerlegung gewählt werden, um zwei Zahlenkarten umzudrehen. Werden beispielsweise die Zahlen 2 und 6 gewürfelt, so kann jede beliebige Zerlegung der Summe 8 (z. B. 1 + 7, 2 + 6 etc.) ausgewählt werden. Wurde beispielsweise in der Runde die Zahlzerlegung 1 + 7 gewählt, dürfen die Karten 1 und 7 umgedreht werden. Es können auch Subtraktionsaufgaben als Zerlegung dienen. Bei der gewürfelten Summe 8 könnten somit die Zerlegungen 10 – 2 oder 9 – 1 gewählt und zu diesen die passenden Karten umgedreht werden. Die Kinder entscheiden somit je nach den noch zur Verfügung stehenden Karten, ob sie eine Subtraktions- oder Additionsaufgabe wählen und wie die Augensumme zerlegt wird. Wird die Summe 20 gewürfelt, darf nochmals gewürfelt werden. Ziel des Spiels ist es, dass alle Karten verdeckt auf dem Tisch liegen.

M 1.4.2: Spielfeld „Steinchenklau“ (1)

M 1.4.2: Spielfeld „Steinchenklau“ (2)

M 1.4.3: Spielfeld „Autos mieten“

M 1.4.4: Spielkarten „Welches Tier gewinnt?“

M 1.4.5: Spielfeld „Das hungrige Nilpferd (ZR 10)“

M 1.4.6: Spielfeld „Das hungrige Nilpferd (ZR 20)“

M 1.4.7: Zahlenkarten

0	1	2	3
4	5	6	7
8	9	10	11
12	13	14	15
16	17	18	19
20			

1.5 Kleine Spiele für zwischendurch

Riese oder Zwerg?

- **Material:** eine Tafel, evtl. Augenbinden
- **Vorbereitung:** Es ist keine Vorbereitung nötig.
- **Ablauf:**

Eine Zahl wird an die Tafel geschrieben (z.B. 12). Der Lehrer nennt nun nacheinander verschiedene Aufgaben (z.B. 6 + 3 oder 20 – 7). Die Kinder müssen entscheiden, ob das Ergebnis der Aufgabe größer oder kleiner als die Zahl an der Tafel ist. Ist das Ergebnis kleiner, gehen sie in die Hocke (Zwerg), ist es größer, strecken sie sich ganz lang Richtung Decke (Riese). Das Tempo variiert je nach Klasse. Das Spiel kann alternativ auch mit geschlossenen oder verbundenen Augen gespielt werden.

Grün und rot

- **Material:** ein grüner und ein roter Stift pro Schüler
- **Vorbereitung:** Es ist keine Vorbereitung nötig.
- **Ablauf:**

Die Schüler nehmen einen grünen Stift in die linke und einen roten Stift in die rechte Hand (Eselsbrücke: **r**echts = **r**oter Stift). Sie legen den Kopf auf den Tisch und schließen die Augen. Nun nennt der Lehrer verschiedene Aufgaben samt Ergebnis. Die Kinder müssen entscheiden, ob das Ergebnis stimmt (hier zeigen sie den grünen Stift) oder ob das Ergebnis falsch ist (in diesem Fall zeigen sie den roten Stift).

„Verliebte" Zahlen (10er-Zerlegung)

- **Material:** Zahlenkarten von 0 bis 10 von M 1.4.7 mit Wollfäden zum Umhängen
- **Vorbereitung:**

Für jeden Schüler wird eine Zahlenkarte von 0 bis 10 mit Wollfaden zum Umhängen bereitgelegt. Dabei ist darauf zu achten, dass jede Zahl ihren „Partner" (entsprechend der 10er-Zerlegung: 3 und 7, 6 und 4 usw.) bekommt.

- **Ablauf:**

Jedem Kind wird eine Zahlenkarte verdeckt um den Hals gehängt. Wichtig ist, dass jeder Schüler einen entsprechenden Partner hat. Bei ungerader Schüleranzahl spielt der Lehrer mit (Doppelungen sind je nach Klassengröße möglich). Die Kinder verteilen sich im Raum, ihre Zahl ist weiterhin nicht sichtbar. Ein Schüler wartet vor der Tür und wird anschließend wieder hereingerufen. Dieses Kind muss nun die „verliebten" Zahlen finden, indem es zu den einzelnen Schülern geht und deren Zahl umdreht. Passen zwei Zahlen zusammen, hat es ein Pärchen gefunden. Passen die Zahlen nicht zusammen, werden beide Zahlenkarten wieder umgedreht und die Suche geht weiter (vergleichbar mit Memory®).

- **Variationen:**

Dieses Spiel kann man auch mit Instrumenten spielen – statt Zahlenkarten um den Hals zu hängen, schlagen die Kinder ihr Instrument so oft an wie vorgegeben. Das suchende Kind kann die Anzahl der Töne laut nennen und auf die Suche nach der anderen „verliebten" Zahl gehen.

Anschließend nennt es die Aufgabe. Die Kinder können sich auch andere Darstellungsformen überlegen (mit Fingern zeigen, mit dem Körper darstellen etc.).

Zahlzerlegung mit Ball trainieren

- **Material:** ein großer Softball o. Ä.

- **Vorbereitung:** Es ist keine Vorbereitung nötig.

- **Ablauf:**

Die Gruppe steht oder sitzt im Halbkreis. Der Lehrer steht/sitzt dieser gegenüber und gibt das Zahlenhaus (siehe Kapitel 4.1) bekannt, dessen Zahlzerlegung trainiert werden soll. Anschließend nennt er eine Zahl und wirft einem Schüler den Ball zu. Dieses Kind muss die passende Zahl ergänzen und den Ball zum Lehrer zurückwerfen. Anschließend wird eine (neue) Zahl genannt und der Ball dem nächsten Kind zugeworfen. Beispiel: Es wurde das 10er-Zahlenhaus vorgegeben. Der Lehrer nennt die Zahl 8, das Kind ergänzt die Zahl 2. Der Lehrer nennt die Zahl 7, das nächste Kind ergänzt die Zahl 3 etc. So wandert der Ball immer weiter. Je schneller der Ball zurückgeworfen wird, desto besser beherrschen die Kinder die Zahlzerlegung.

Aufgaben prellen

- **Material:** ein Ball

- **Vorbereitung:** Es ist keine Vorbereitung nötig.

- **Ablauf:**

Die Klasse steht im Kreis. Der Lehrer stellt eine Aufgabe und prellt einem Kind den Ball zu. Dieses nennt das Ergebnis, stellt eine weitere Aufgabe und prellt den Ball zu einem anderen Schüler.

Partner gesucht

- **Material:** Aufgaben- und Ergebniskarten von M 1.1.4 oder eigene Übungsaufgaben mit Wollfäden zum Umhängen

- **Vorbereitung:**

Aufgaben- und dazugehörige Ergebniskarten (Additions- und Subtraktionsaufgaben) mit Wollfäden zum Umhängen werden zur Verfügung gestellt, wobei der Zahlenraum variieren kann.

- **Ablauf:**

Jedem Kind wird eine Aufgaben- (5 + 4) oder Ergebniskarte (9) um den Hals gehängt. Wenn alle Schüler eine Karte bekommen haben, starten sie nach dem Signal des Lehrers. Ziel ist, dass sich die zusammengehörigen Aufgaben- und Ergebniskarten so schnell wie möglich finden.

Paare finden

- **Material:** Zahlenkarten von 0 bis 20 von M 1.4.7, eine Tafel, Spielsteine

- **Vorbereitung:**

Zahlenkarten von 0 bis 20 werden in ausreichender Anzahl zur Verfügung gestellt. Jeder Schüler soll mindestens eine Zahlenkarte erhalten, wobei Doppelungen je nach Klassenstärke möglich sind.

- **Ablauf:**

Im Klassenraum werden die vorbereiteten Zahlenkarten verteilt und verdeckt hingelegt. Anschließend schreibt der Lehrer ein Ergebnis an die Tafel. Die Kinder laufen im Klassenraum umher und schauen sich die einzelnen Zahlenkarten an, drehen sie danach aber wieder um. Hat ein Kind zwei Zahlenkarten gefunden, die zusammen das Ergebnis an der Tafel ergeben, ruft es laut „Stop", zeigt die beiden Zahlenkarten und nennt die Aufgabe, die zum Ergebnis geführt hat. Dabei können sowohl Additions- als auch Subtraktionsaufgaben zulässig sein. Dies sollte zuvor gemeinsam festgelegt werden. Damit mit allen Zahlenkarten weitergespielt werden kann, sollten die Karten anschließend im Spiel bleiben und das Kind bekommt einen Spielstein als gewonnenen Punkt. Differenzierungsmöglichkeiten ergeben sich durch die Auswahl der Ergebnisse, die an die Tafel geschrieben werden (z. B. erst Ergebnisse im Zahlenraum bis 10, dann bis 20).

Atomspiel

- **Material:** keines

- **Vorbereitung:** Es ist keine Vorbereitung nötig.

- **Ablauf:**

Der Lehrer nennt nacheinander Aufgaben. Die Kinder rechnen diese aus und finden sich in Gruppen zusammen, deren Schüleranzahl dem Ergebnis der gestellten Aufgabe entspricht. Dieses Spiel kann man besonders gut auf dem Schulhof oder in der Sporthalle spielen. Der Schwierigkeitsgrad kann erhöht werden, indem sich die Gruppen zusammenfinden müssen, ohne dabei zu sprechen.

Beweg dich!

- **Material:** Zahlenkarten von 0 bis 20 von 1.4.7 mit Wollfäden zum Umhängen

- **Vorbereitung:**

Für jeden Schüler wird eine Zahlenkarte von 0 bis 20 mit Wollfaden zum Umhängen bereitgelegt.

- **Ablauf:**

Jedes Kind bekommt eine Zahlenkarte um den Hals gehängt (je nach Klassenstärke können Doppelungen auftreten). Der Lehrer nennt nacheinander verschiedene Aufgaben. Das Kind / Die Kinder mit dem passenden Ergebnis müssen eine vorher vereinbarte Bewegung ausführen (auf einem Bein hüpfen, sich drehen etc.).

Sportlich, sportlich!

- **Material:** keines
- **Vorbereitung:** Es ist keine Vorbereitung nötig.
- **Ablauf:**

Der Lehrer nennt nacheinander verschiedene Aufgaben. Die Schüler müssen dem Ergebnis entsprechend so viele Kniebeugen, Hampelmänner o. Ä. hintereinander ausführen. Dabei kann, muss aber nicht, die Bewegungsform vorher für alle vereinbart werden (z. B. 9 – 4 → die Kinder machen fünf Kniebeugen).

Ergebnisse hüpfen

- **Material:** Straßenkreide
- **Vorbereitung:**

Auf den Pausenhof werden in einen abgegrenzten Bereich mit Kreide Zahlen von 0 bis 10 oder bis 20 geschrieben.

- **Ablauf:**

Gespielt wird in dem abgegrenzten Bereich auf dem Schulhof. Der Lehrer oder ein Kind nennt verschiedene Aufgaben. Dies können sowohl Additions- als auch Subtraktionsaufgaben sein. Es hüpfen immer zwei bis drei Schüler in einer Runde miteinander. Es kann nach zwei Varianten gespielt werden. Bei der ersten Variante ist jede Zahl einmal zu finden – gewonnen hat das Kind, welches zuerst auf die entsprechende Zahl hüpft. Bei der zweiten Variante ist jede Zahl mehrfach zu finden (so oft, wie es Mitspieler gibt) – das Spiel endet, wenn alle zwei bis drei Schüler auf die entsprechende Zahl gehüpft sind. Dabei könnte auch die Zeit gestoppt werden – wie lange dauert es, bis alle Kinder einer Gruppe auf der richtigen Zahl stehen (kann als Wettbewerb oder als persönlicher Lernzuwachs betrachtet werden)?

Zahlen auf den Rücken schreiben

- **Material:** ein Stift und Papier pro Schülerpaar
- **Vorbereitung:** Es ist keine Vorbereitung nötig.
- **Ablauf:**

Gespielt wird mit einem Partner. Das erste Kind schreibt seinem Partner eine Zahl auf den Rücken. Das zweite Kind schreibt eine zur Zahl passende Rechnung auf ein Blatt Papier. Gemeinsam wird überprüft, ob die Aufgabe zum Ergebnis passt.

- **Variation:**

Das Spiel kann auch anders herum gespielt werden: Das erste Kind schreibt seinem Partner eine Aufgabe auf den Rücken, das zweite Kind schreibt das Ergebnis auf das Blatt Papier.

Rettende Insel

- **Material:** eine Tafel
- **Vorbereitung:**

An die Tafel werden ein einfacher Tisch und ein Stuhl gezeichnet und fünf beliebige Zahlen angeschrieben (siehe Skizze).

- **Ablauf:**

Die Kinder stellen sich hinter ihre Stühle. Der Lehrer nennt eine Aufgabe, deren Ergebnis eine der fünf an der Tafel stehenden Zahlen ist. Jedes Kind rechnet für sich die Aufgabe und führt die entsprechende Aktion aus: Er setzt sich unter bzw. auf den Tisch, stellt sich zwischen Tisch und Stuhl, setzt sich auf den Stuhl oder stellt sich hinter den Stuhl.

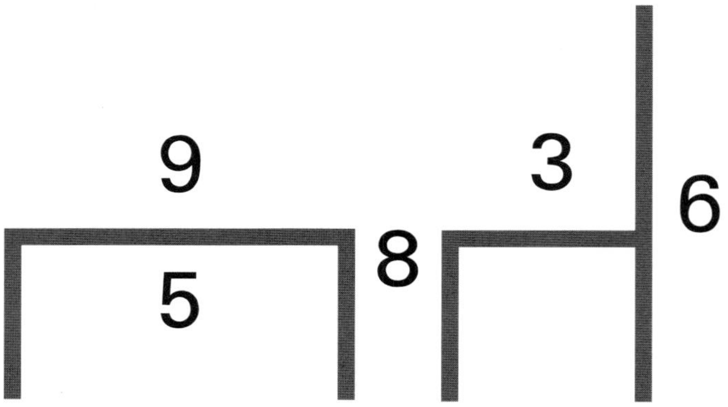

Rechenfußball

- **Material:** magnetische Tafel, ein Magnet
- **Vorbereitung:**

Ein Fußballfeld (siehe Skizze) wird an die magnetische Tafel gezeichnet.

- **Ablauf:**

In die Mitte des Spielfeldes wird als Fußball ein Magnet geheftet. Die Klasse wird in zwei Mannschaften geteilt, die sich in zwei Reihen hintereinander mit dem Gesicht zur Tafel stellen. Der Lehrer nennt nun nacheinander verschiedene Aufgaben. Das vorderste Kind jeder Mannschaft muss versuchen, diese zu lösen. Je nachdem, welches Kind zuerst das Ergebnis nennt, rutscht der Ball (Magnet) eine Zone weiter in Richtung des gegnerischen Tores. Welche Mannschaft wird den Ball zuerst im Tor versenken?

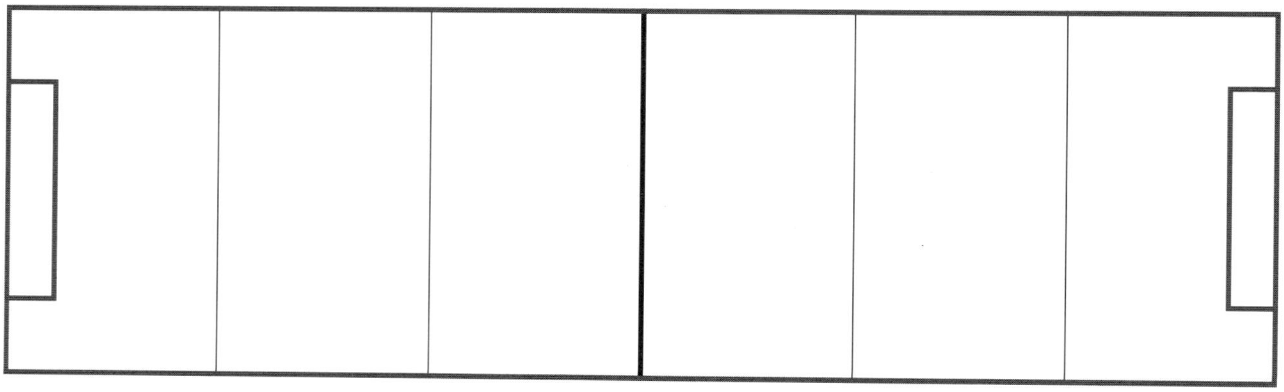

Zahlen patschen

- **Material:** eine Tafel
- **Vorbereitung:** Zwölf Zahlen werden an die Tafel geschrieben.
- **Ablauf:**

Die Klasse wird je nach Klassenstärke in drei bis vier Gruppen aufgeteilt. Es spielen immer zwei Schüler gegeneinander, die beide mit den Händen auf dem Rücken mit dem Gesicht zur Tafel stehen. Der Lehrer nennt eine Aufgabe, deren Ergebnis eine der zwölf an der Tafel stehenden Zahlen ist. Das Kind, welches am schnellsten auf das passende Ergebnis schlägt, gewinnt einen Punkt für die Gruppe. Nun sind die nächsten beiden Kinder an der Reihe.

2.1 Klammerkarten

- **Material:**

– Klammern in vier verschiedenen Farben
– M2.1: Klammerkarten (Karten 1 und 2: ZR 10 Addition, Karten 3 und 4: ZR 10 Subtraktion, Karten 5 und 6: ZR 20 Addition, Karten 7 und 8: ZR 20 Subtraktion)

- **Vorbereitung:**

Die Klammerkarten werden vergrößert kopiert (jede Karte mindestens im DIN-A5-Format) und zugeschnitten. Vor dem Laminieren sollten die Bilder der Klammern in den zur Verfügung stehenden Farben angemalt werden. Zudem kann auf der Rückseite der Karte eine Selbstkontrolle in Form eines passenden farbigen Punktes aufgemalt werden.

- **Ablauf:**

Die Kinder lösen die Aufgaben auf der Karte und heften die Klammer in der entsprechenden Farbe links bzw. rechts neben die Aufgabe.

M 2.1: Klammerkarten (1–4)

Karte 1

3	4	5	6
2 + 1		0 + 5	
2 + 4		1 + 3	
0 + 4		5 + 1	
3 + 2		0 + 6	
5 + 0		4 + 0	
3 + 3		2 + 3	
3 + 1		2 + 2	
1 + 4		1 + 2	
4 + 2		4 + 1	

Karte 2

7	8	9	10
8 + 2		2 + 5	
5 + 3		3 + 6	
8 + 1		1 + 7	
7 + 3		5 + 4	
5 + 5		6 + 2	
3 + 4		2 + 8	
6 + 3		6 + 4	
4 + 4		1 + 6	
1 + 9		7 + 2	

Karte 3

1	2	3	4
8 − 6		10 − 7	
6 − 2		9 − 8	
9 − 6		8 − 5	
5 − 4		3 − 2	
7 − 4		4 − 2	
10 − 6		7 − 3	
7 − 5		5 − 3	
9 − 5		8 − 4	
6 − 3		4 − 3	

Karte 4

5	6	7	8
10 − 4		6 − 1	
8 − 3		7 − 0	
10 − 2		8 − 2	
5 − 0		7 − 2	
9 − 3		10 − 3	
9 − 2		6 − 0	
7 − 1		9 − 1	
9 − 4		8 − 1	
8 − 0		10 − 5	

M 2.1: Klammerkarten (5–8)

Karte 5

<table>
<tr><td>11</td><td>12</td><td>13</td><td>14</td></tr>
<tr><td colspan="2">10 + 4</td><td colspan="2">3 + 9</td></tr>
<tr><td colspan="2">7 + 7</td><td colspan="2">6 + 7</td></tr>
<tr><td colspan="2">9 + 3</td><td colspan="2">3 + 8</td></tr>
<tr><td colspan="2">8 + 5</td><td colspan="2">2 + 10</td></tr>
<tr><td colspan="2">1 + 10</td><td colspan="2">2 + 9</td></tr>
<tr><td colspan="2">6 + 6</td><td colspan="2">9 + 5</td></tr>
<tr><td colspan="2">7 + 4</td><td colspan="2">8 + 4</td></tr>
<tr><td colspan="2">6 + 8</td><td colspan="2">10 + 3</td></tr>
<tr><td colspan="2">4 + 9</td><td colspan="2">6 + 5</td></tr>
</table>

Karte 6

<table>
<tr><td>15</td><td>16</td><td>17</td><td>18</td></tr>
<tr><td colspan="2">8 + 10</td><td colspan="2">9 + 6</td></tr>
<tr><td colspan="2">8 + 9</td><td colspan="2">6 + 10</td></tr>
<tr><td colspan="2">5 + 10</td><td colspan="2">9 + 9</td></tr>
<tr><td colspan="2">8 + 8</td><td colspan="2">7 + 10</td></tr>
<tr><td colspan="2">10 + 6</td><td colspan="2">6 + 9</td></tr>
<tr><td colspan="2">9 + 7</td><td colspan="2">10 + 8</td></tr>
<tr><td colspan="2">10 + 7</td><td colspan="2">8 + 7</td></tr>
<tr><td colspan="2">7 + 8</td><td colspan="2">7 + 9</td></tr>
<tr><td colspan="2">10 + 5</td><td colspan="2">9 + 8</td></tr>
</table>

Karte 7

<table>
<tr><td>3</td><td>4</td><td>5</td><td>6</td></tr>
<tr><td colspan="2">12 – 7</td><td colspan="2">11 – 7</td></tr>
<tr><td colspan="2">15 – 9</td><td colspan="2">14 – 9</td></tr>
<tr><td colspan="2">13 – 10</td><td colspan="2">12 – 6</td></tr>
<tr><td colspan="2">13 – 9</td><td colspan="2">14 – 10</td></tr>
<tr><td colspan="2">11 – 6</td><td colspan="2">11 – 8</td></tr>
<tr><td colspan="2">16 – 10</td><td colspan="2">14 – 8</td></tr>
<tr><td colspan="2">12 – 8</td><td colspan="2">13 – 8</td></tr>
<tr><td colspan="2">13 – 7</td><td colspan="2">12 – 9</td></tr>
<tr><td colspan="2">15 – 10</td><td colspan="2">11 – 5</td></tr>
</table>

Karte 8

<table>
<tr><td>7</td><td>8</td><td>9</td><td>10</td></tr>
<tr><td colspan="2">17 – 8</td><td colspan="2">13 – 6</td></tr>
<tr><td colspan="2">14 – 6</td><td colspan="2">11 – 2</td></tr>
<tr><td colspan="2">15 – 5</td><td colspan="2">16 – 7</td></tr>
<tr><td colspan="2">11 – 4</td><td colspan="2">17 – 9</td></tr>
<tr><td colspan="2">12 – 3</td><td colspan="2">13 – 5</td></tr>
<tr><td colspan="2">14 – 7</td><td colspan="2">20 – 10</td></tr>
<tr><td colspan="2">16 – 8</td><td colspan="2">12 – 5</td></tr>
<tr><td colspan="2">18 – 8</td><td colspan="2">14 – 5</td></tr>
<tr><td colspan="2">15 – 6</td><td colspan="2">15 – 7</td></tr>
</table>

2.2 Bandolinos

Material:

- M2.2: Bandolinos (Bandolinos 1 und 2: ZR 10 Addition, Bandolinos 3 und 4: ZR 20 Addition, Bandolinos 5 und 6: ZR 10 Subtraktion, Bandolinos 7 und 8: ZR 20 Subtraktion)
- dickerer Faden

Vorbereitung:

Die Bandolinos werden kopiert, ausgeschnitten und an der gestrichelten Linie geknickt. Anschließend werden die Bandolinos laminiert. Der Startpunkt wird durchgestochen und der Faden eingefädelt. Der Faden wird so fixiert, dass der Knoten auf der Vorderseite sitzt. Zum Schluss werden alle seitlichen dicken Striche sowie der dicke Strich beim Ziel eingeschnitten.

Ablauf:

Die Kinder lösen die Aufgaben auf dem Bandolino, indem sie den Faden von hinten in den Einschnitt der ersten Aufgabe klemmen und anschließend den Faden über die Vorderseite zum richtigen Ergebnis führen und ebenfalls dort einklemmen. Nun führen sie den Faden über die Rückseite zur zweiten Aufgabe, klemmen ihn dort ein und verbinden ihn wieder mit dem richtigen Ergebnis. Nachdem alle Aufgaben gelöst wurden, wird der Faden im „Ziel“ fixiert und anschließend alles durch die Verbindungslinien auf der Rückseite kontrolliert: Läuft der Faden über den Linien, wurden die Aufgaben richtig gelöst.

M 2.2: Bandolinos (1 / 2)

Bandolino 1

Start	
2 + 4	
6 + 2	9
0 + 2	2
3 + 7	4
4 + 3	7
5 + 4	6
2 + 2	8
3 + 2	3
2 + 1	10
	5
Ziel	

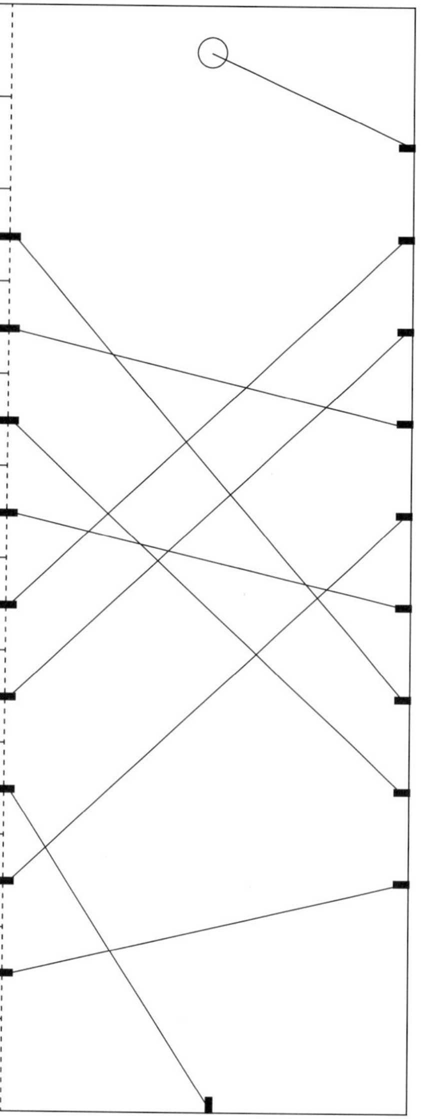

Bandolino 2

Start	
1 + 1	
2 + 7	10
8 + 2	3
1 + 2	8
3 + 5	5
1 + 3	2
5 + 2	7
3 + 3	6
4 + 1	9
	4
Ziel	

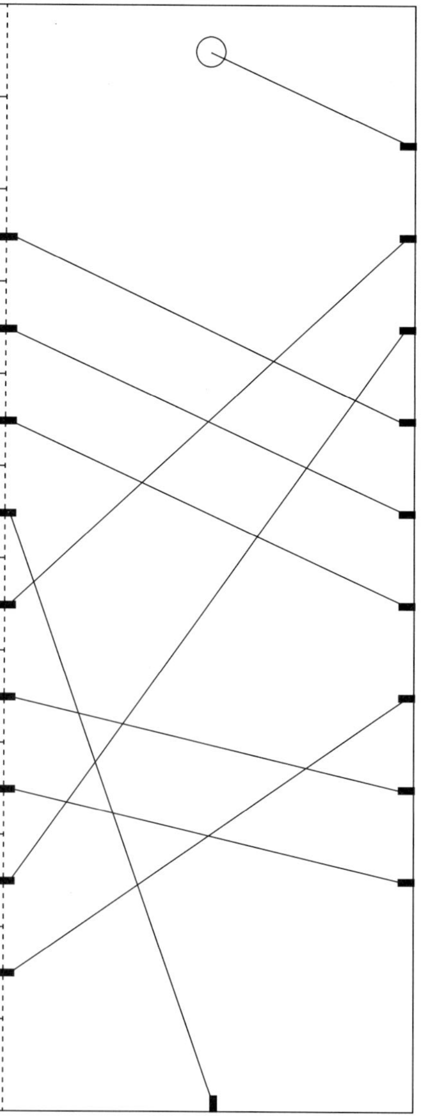

A. Kipper / K. Krüger: Grundaufgaben Mathematik automatisieren: 1 + 1 & 1 – 1

M 2.2: Bandolinos (3 / 4)

Bandolino 3

Start	
8 + 7	
9 + 10	11
8 + 8	15
7 + 6	19
9 + 9	14
6 + 5	13
5 + 9	17
8 + 9	16
4 + 8	18
	12
Ziel	

Bandolino 4

Start	
4 + 7	
6 + 8	15
10 + 9	11
9 + 7	18
5 + 8	14
6 + 9	16
8 + 10	12
9 + 8	17
7 + 5	19
	13
Ziel	

M 2.2: Bandolinos (5 / 6)

Bandolino 5

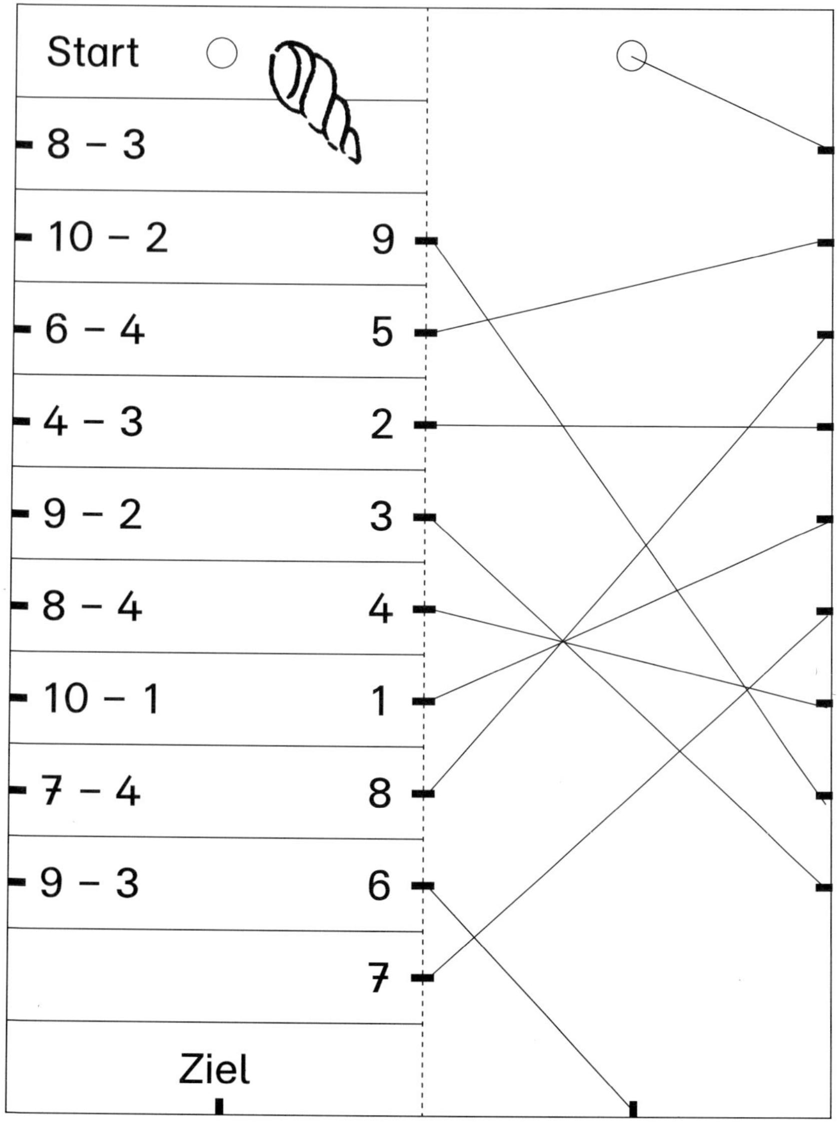

Bandolino 6

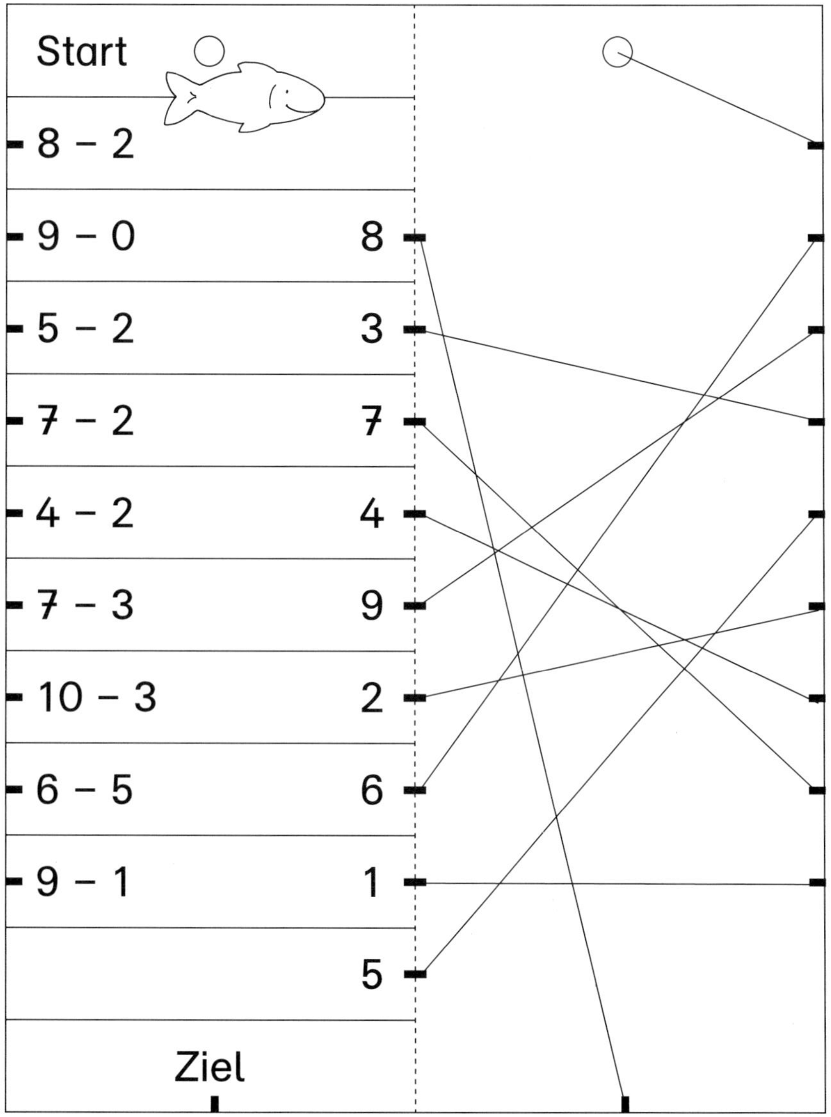

M 2.2: Bandolinos (7 / 8)

Bandolino 7

Start	
13 − 9	
12 − 5	2
11 − 10	3
13 − 8	6
15 − 7	4
11 − 8	9
15 − 9	8
12 − 10	5
14 − 5	7
	1
Ziel	

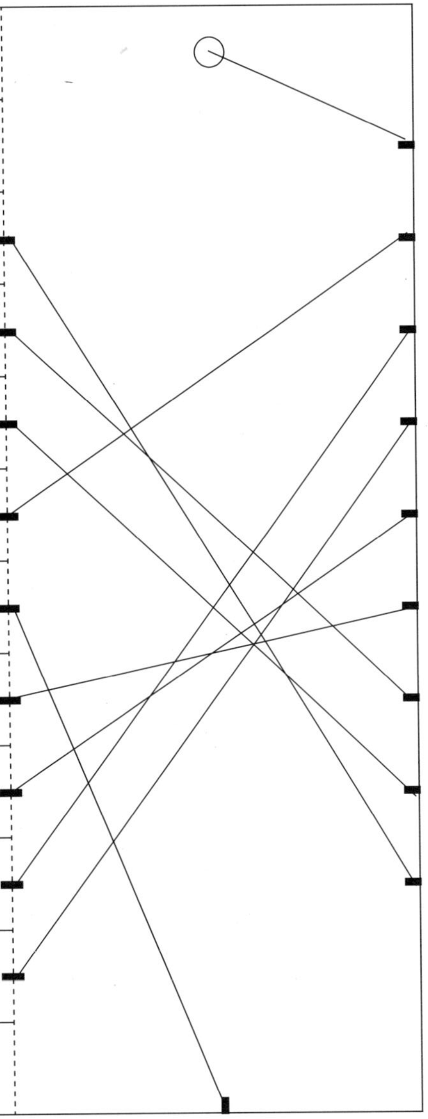

Bandolino 8

Start	
12 − 8	
11 − 9	3
13 − 5	5
11 − 6	7
12 − 9	9
14 − 8	6
15 − 6	4
11 − 10	8
13 − 6	2
	1
Ziel	

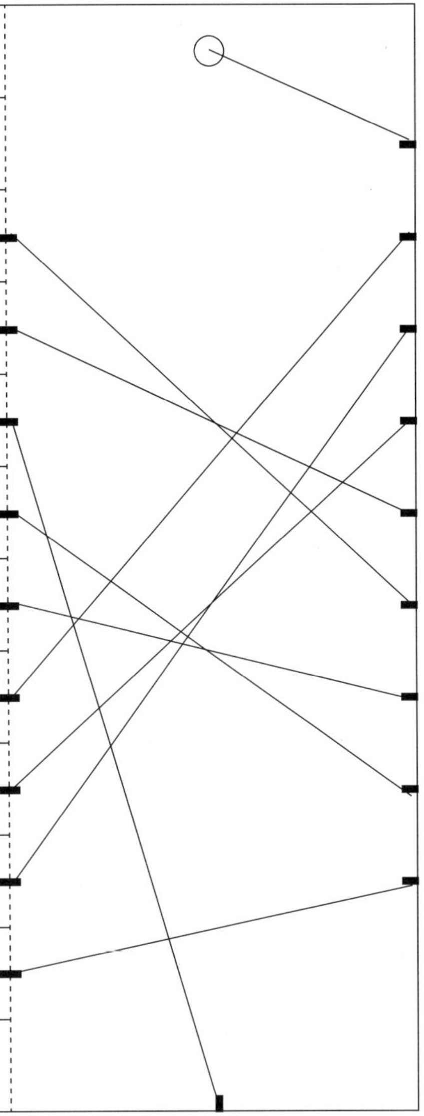

2.3 Wäscheklammer-Aufgaben

- **Material:**

– M2.3: T-Shirt- und Hosen-Karten (Kartensatz 1: ZR 10 Addition und Subtraktion, Kartensatz 2: ZR 20 Addition und Subtraktion)
– Wäscheklammern

- **Vorbereitung:**

Die T-Shirt- und Hosen-Karten werden – evtl. vergrößert – auf buntes Papier kopiert, laminiert und ausgeschnitten. Es kann vorab eine Auswahl bzgl. der Karten getroffen oder mit dem Kind vereinbart werden, wie viele Aufgaben gelöst werden sollen.

- **Ablauf:**

Der Schüler löst die Aufgabe einer T-Shirt-Karte und heftet mit einer Wäscheklammer das passende Ergebnis (Hosen-Karte) an. Alternativ kann eine Wäscheleine gespannt und die zusammengehörenden Karten nebeneinander daran befestigt werden.

M 2.3: T-Shirt- und Hosen-Karten (1)

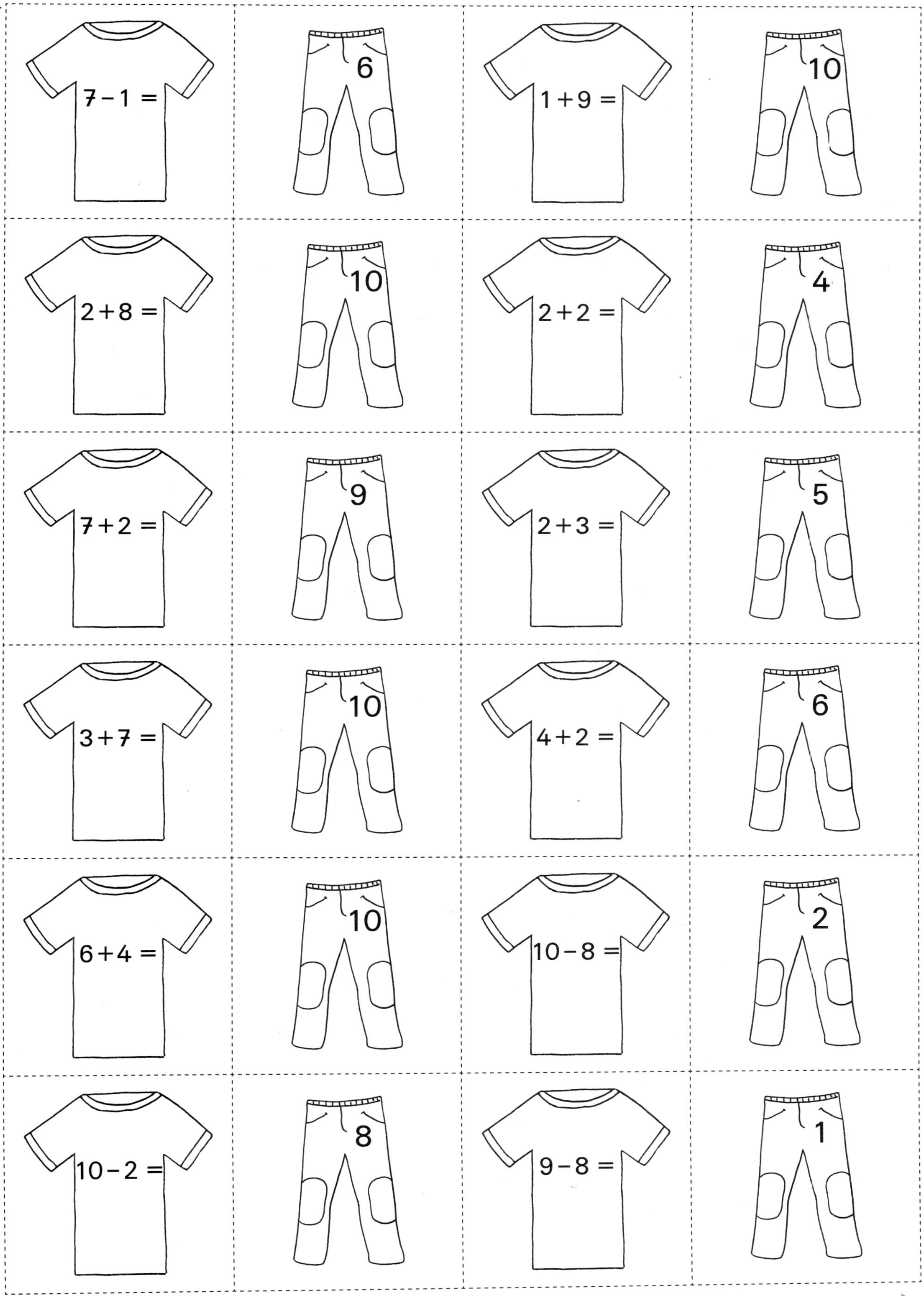

3 + 3 =	6	7 − 2 =	5
3 + 4 =	7	10 − 7 =	3
5 + 3 =	8	8 − 7 =	1
9 − 6 =	3	4 + 5 =	9
7 − 5 =	2	5 − 3 =	2
7 − 6 =	1	8 − 4 =	4

6 − 2 =
4
7 − 4 =
3
10 − 3 =
7
5 − 2 =
3
9 − 3 =
6
10 − 10 =
0
9 − 5 =
4
6 − 4 =
2
7 − 3 =
4
10 − 5 =
5
5 + 1 =
6
2 + 5 =
7

M 2.3: T-Shirt- und Hosen-Karten (2)

A. Kipper / K. Krüger: Grundaufgaben Mathematik automatisieren: 1 + 1 & 1 − 1

7 + 7 =
14
8 + 4 =
12
7 + 9 =
16
9 + 8 =
17
8 + 8 =
16
16 − 9 =
7
6 + 8 =
14
6 + 5 =
11
3 + 8 =
11
6 + 9 =
15
4 + 10 =
14
9 + 9 =
18

Name: ______________________ Datum: ______________

Puzzle ZR 20 Addition

Löse die Aufgaben. Schneide die Puzzleteile unten aus und klebe das Teil mit dem passenden Ergebnis auf das entsprechende Aufgabenfeld.

2 + 1 = ____	3 + 2 = ____	8 + 7 = ____	6 + 5 = ____
9 + 9 = ____	2 + 4 = ____	4 + 4 = ____	7 + 9 = ____
4 + 6 = ____	7 + 6 = ____	6 + 8 = ____	1 + 3 = ____
5 + 2 = ____	10 + 10 = ____	1 + 1 = ____	8 + 4 = ____
0 + 1 = ____	8 + 9 = ____	3 + 6 = ____	9 + 10 = ____

Name: ______________________ Datum: ______________

Mandala ZR 10 Addition

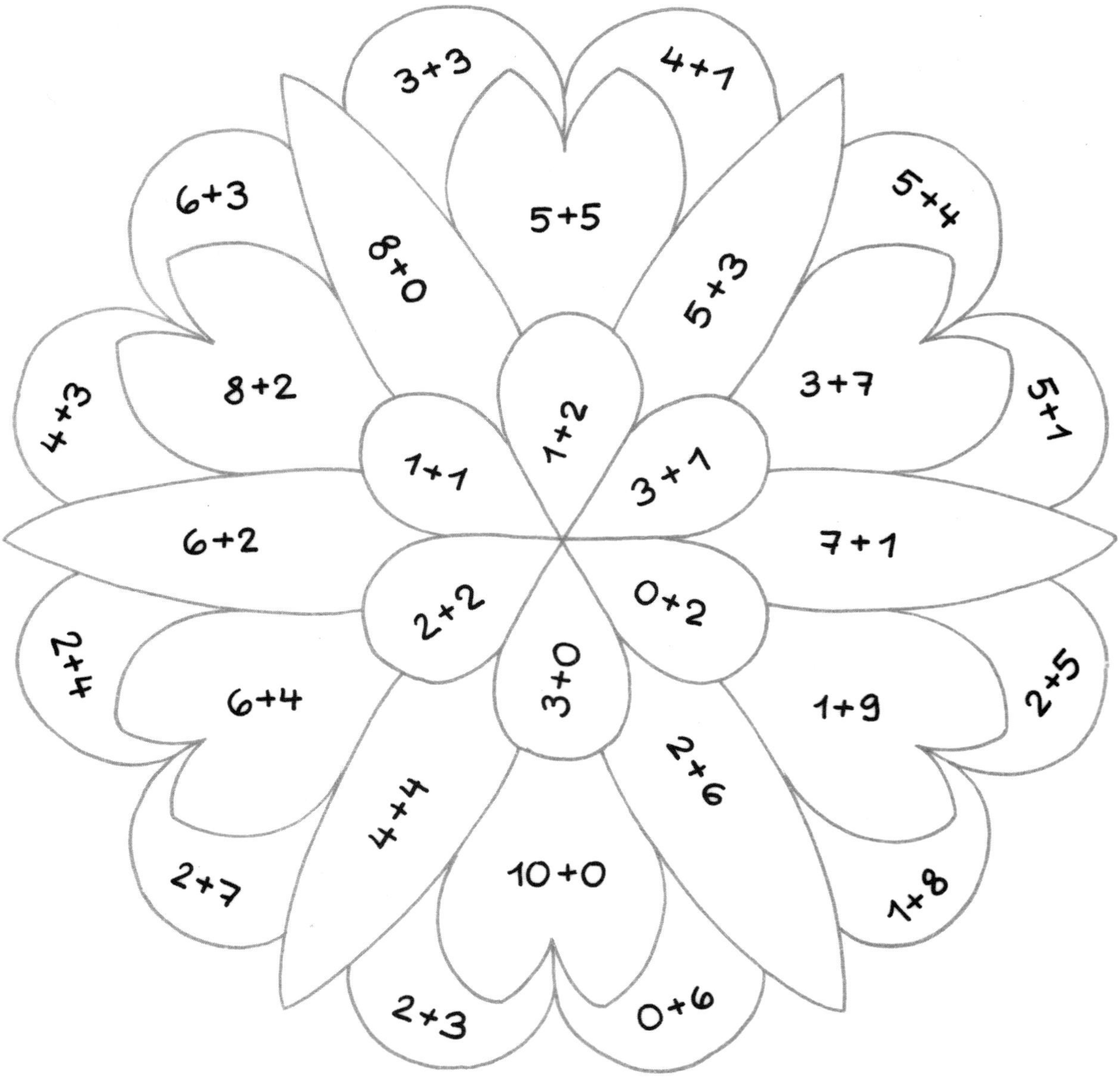

2	3	4	5	6	7	8	9	10
braun	grau	rosa	schwarz	rot	grün	blau	orange	gelb

Name: ______________________ Datum: ______________

Mandala ZR 10 Subtraktion

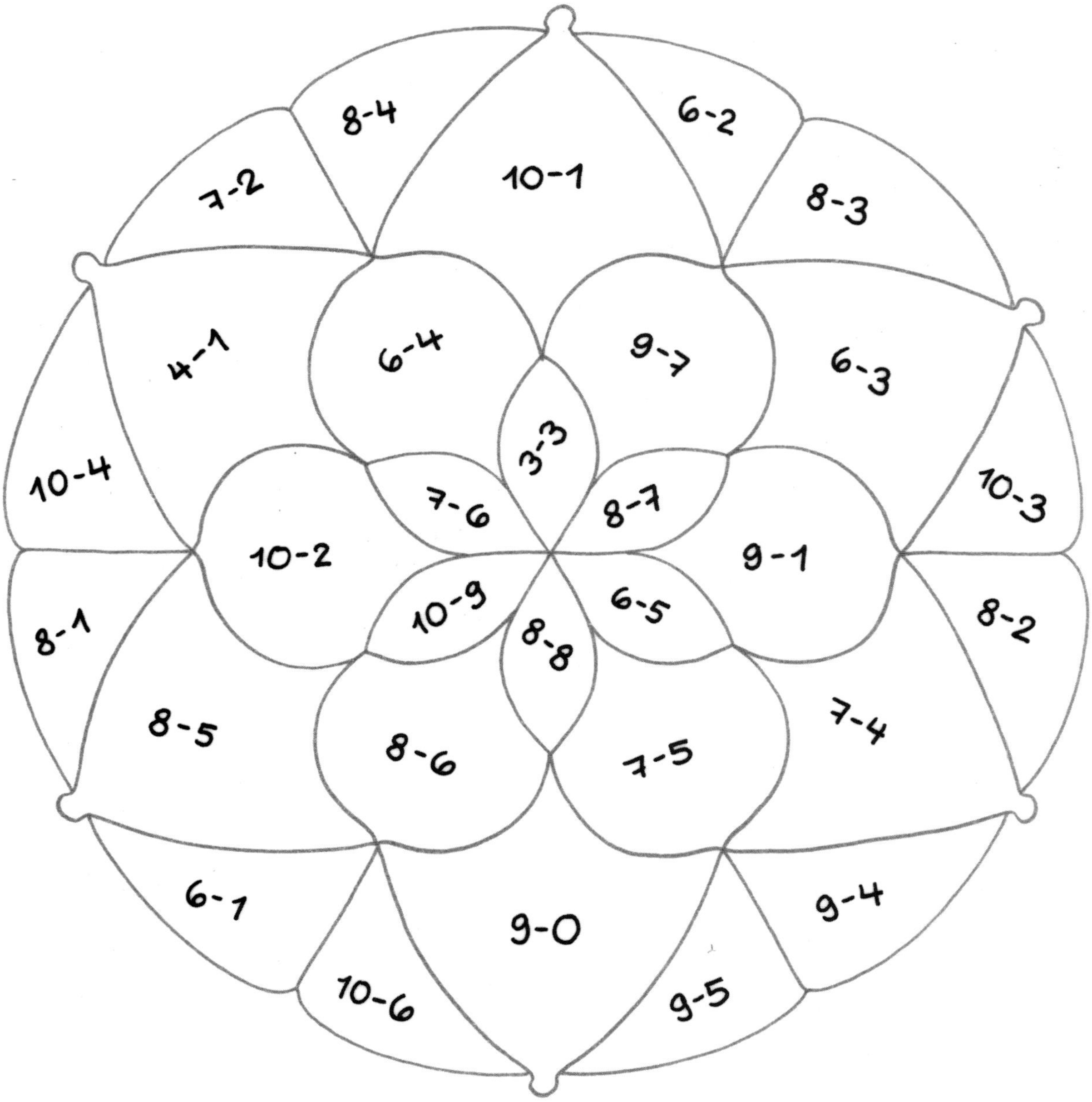

0	1	2	3	4	5	6	7	8	9
grau	weiß	rot	blau	gelb	orange	schwarz	grün	rosa	braun

Name: ______________________________ Datum: ________________

Mandala ZR 20 Addition

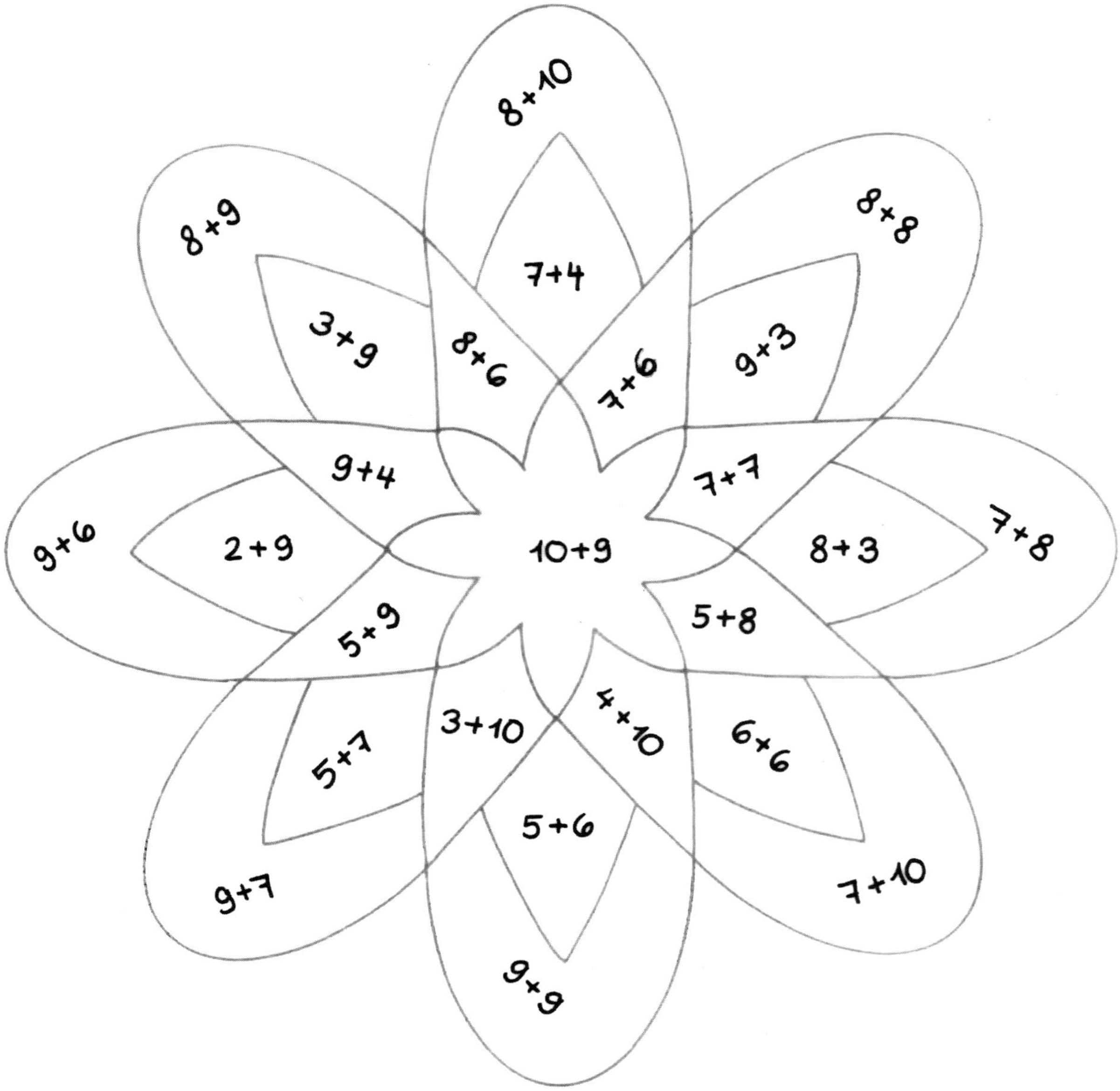

11	12	13	14	15	16	17	18	19
gelb	weiß	orange	blau	rot	grün	rosa	braun	grau

Name: ______________________________ Datum: ______________

Mandala ZR 20 Subtraktion

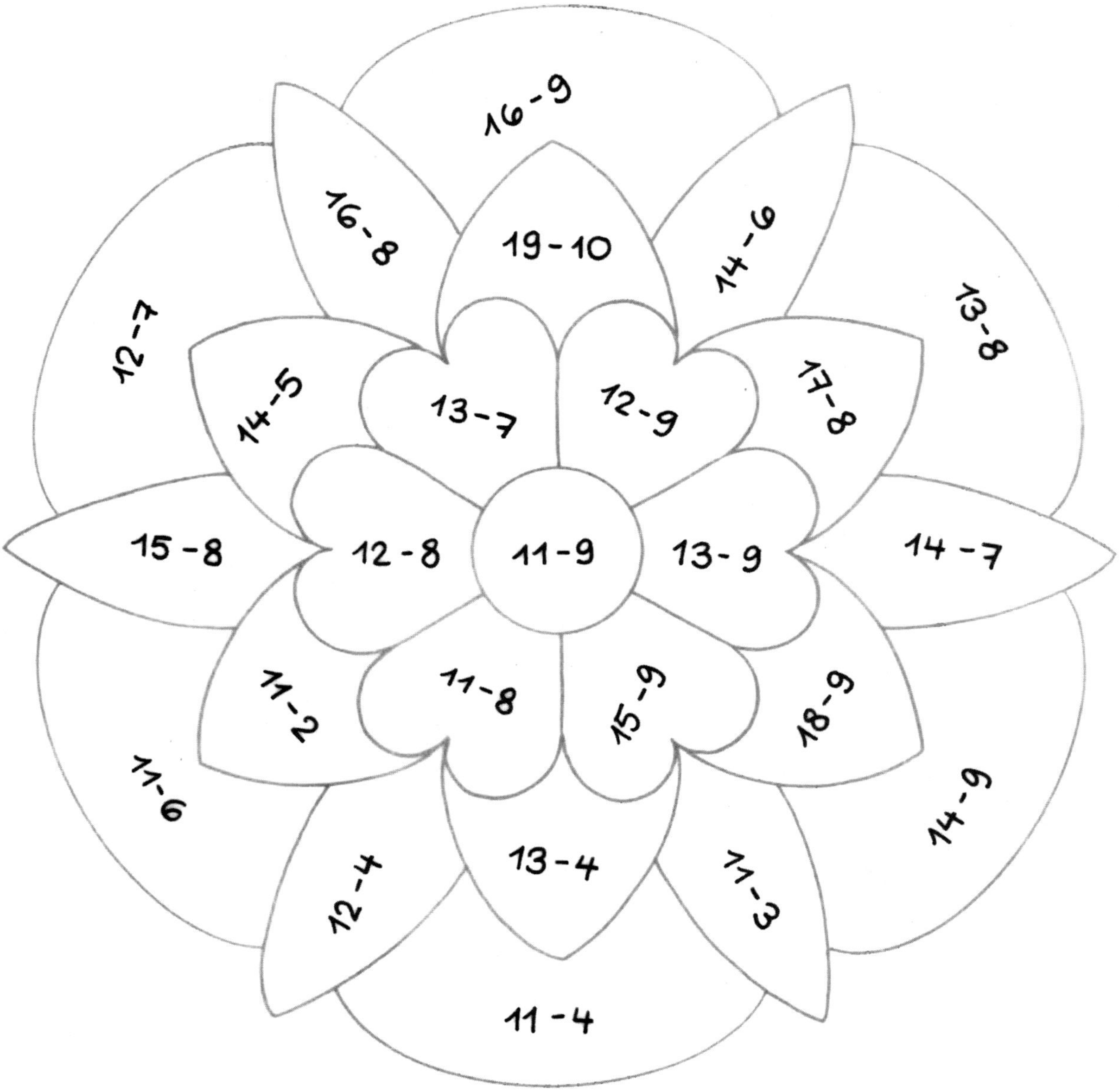

2	3	4	5	6	7	8	9
rot	grau	rosa	blau	weiß	grün	gelb	orange

Name: ________________________________ Datum: ________________

Geheimschrift ZR 20 Addition

Löse das Rätsel. Rechne dafür die Aufgaben aus und trage die richtigen Buchstaben ein.

O	Ä	E	A	L	C	S	G	T
3	4	5	6	7	8	9	10	11

Ö	D	R	H	U	I	M
12	13	14	15	16	17	18

___	___	___		___	___	___	___	___	___
8 + 5	1 + 5	6 + 3		8 + 6	3 + 1	5 + 6	4 + 5	3 + 2	5 + 2

___	___	___	___		___	___
9 + 6	3 + 3	7 + 2	7 + 4		6 + 7	8 + 8

___	___	___	___	___	___	___
7 + 7	8 + 9	6 + 2	8 + 7	2 + 9	7 + 10	8 + 2

___	___	___	___	___	___	,	___	___	___	___
3 + 7	1 + 4	6 + 1	5 + 7	8 + 1	3 + 8		4 + 7	1 + 2	0 + 7	4 + 3

___	___	___	___	___	___	___	!
4 + 6	5 + 0	10+8	4 + 2	7 + 1	10+5	9 + 2	

Name: ______________________ Datum: ______________

ZR 10 Addition

Teste dich! Wie viele Aufgaben schaffst du in 5 Minuten?

8+0 = ___	2+5 = ___	1+8 = ___	2+8 = ___	6+1 = ___
0+4 = ___	3+4 = ___	1+6 = ___	4+0 = ___	3+7 = ___
8+2 = ___	0+5 = ___	1+1 = ___	1+0 = ___	4+6 = ___
2+4 = ___	6+4 = ___	5+2 = ___	3+5 = ___	6+1 = ___
5+3 = ___	1+7 = ___	9+1 = ___	3+3 = ___	1+5 = ___
2+6 = ___	0+1 = ___	9+0 = ___	4+1 = ___	4+4 = ___
2+0 = ___	5+5 = ___	5+4 = ___	1+4 = ___	0+2 = ___
1+3 = ___	0+9 = ___	2+3= ___	4+3 = ___	3+1 = ___
7+3 = ___	6+2 = ___	1+2 = ___	8+1 = ___	2+7 = ___
4+5 = ___	3+6 = ___	5+1 = ___	3+2 = ___	4+2 = ___
3+0 = ___	6+3 = ___	0+0 = ___	2+1 = ___	10+0 = ___
0+3 = ___	1+9 = ___	7+1 = ___	2+2 = ___	7+2 = ___

Du hast von 60 Aufgaben ________ Aufgaben richtig gelöst.

Die Arbeitsblätter des Schnelltrainings können auch als Tests eingesetzt werden, mithilfe derer die Schüler ihren Lernstand bezüglich des 1 + 1 bzw. 1 − 1 überprüfen können. Je nach Leistungsstand eines Kindes kann der Lehrer zwischen sechs verschiedenen Blättern wählen, die sich bezüglich der Rechenoperation bzw. des Zahlenraumes unterscheiden. Werden diese Tests regelmäßig eingesetzt, kann der individuelle Lernzuwachs eines Kindes festgestellt und rückgemeldet werden.

Name: ______________________ Datum: ______________

ZR 20 Addition

Teste dich! Wie viele Aufgaben schaffst du in 5 Minuten?

5 + 8 = ____	8 + 8 = ____	10 + 5 = ____	3 + 9 = ____	1 + 10 = ____
7 + 4 = ____	6 + 9 = ____	9 + 10 = ____	10 + 6 = ____	4 + 8 = ____
10 + 1 = ____	9 + 6 = ____	5 + 7 = ____	8 + 10 = ____	8 + 6 = ____
8 + 4 = ____	5 + 6 = ____	2 + 10 = ____	5 + 7 = ____	6 + 9 = ____
8 + 7 = ____	10 + 2 = ____	6 + 8 = ____	5 + 9 = ____	4 + 10 = ____
9 + 7 = ____	7 + 10 = ____	8 + 5 = ____	9 + 2 = ____	3 + 8 = ____
6 + 6 = ____	7 + 7 = ____	8 + 3 = ____	3 + 10 = ____	7 + 9 = ____
10 + 0 = ____	9 + 5 = ____	9 + 9 = ____	10 + 4 = ____	5 + 8 = ____
0 + 10 = ____	10 + 8 = ____	10 + 7 = ____	9 + 8 = ____	6 + 7 = ____
6 + 10 = ____	10 + 3 = ____	6 + 5 = ____	7 + 8 = ____	6 + 5 = ____
9 + 3 = ____	4 + 7 = ____	8 + 9 = ____	7 + 6 = ____	2 + 9 = ____
7 + 5 = ____	5 + 10 = ____	10 + 10 = ____	4 + 9 = ____	9 + 4 = ____

Du hast von 60 Aufgaben __________ Aufgaben richtig gelöst.

Name: ______________________ Datum: ____________

ZR 10 Subtraktion

Teste dich! Wie viele Aufgaben schaffst du in 5 Minuten?

10 − 0 = ____	8 − 6 = ____	10 − 2 = ____	8 − 1 = ____	6 − 3 = ____
10 − 5 = ____	8 − 7 = ____	7 − 1 = ____	4 − 3 = ____	8 − 8 = ____
9 − 1 = ____	7 − 5 = ____	9 − 2 = ____	9 − 3 = ____	9 − 4 = ____
4 − 1 = ____	6 − 5 = ____	9 − 7 = ____	8 − 0 = ____	4 − 0 = ____
9 − 8 = ____	5 − 5 = ____	8 − 2 = ____	8 − 4 = ____	10 − 1 = ____
8 − 5 = ____	9 − 6 = ____	10 − 4 = ____	10 − 9 = ____	5 − 3 = ____
1 − 1 = ____	10 − 6 = ____	7 − 2 = ____	2 − 1 = ____	7 − 4 = ____
6 − 6 = ____	10 − 3 = ____	7 − 7 = ____	6 − 2 = ____	3 − 2 = ____
6 − 0 = ____	7 − 6 = ____	9 − 9 = ____	6 − 1 = ____	1 − 0 = ____
3 − 3 = ____	9 − 5 = ____	3 − 1 = ____	10 − 10 = ____	4 − 2 = ____
4 − 4 = ____	5 − 1 = ____	5 − 2 = ____	10 − 7 = ____	5 − 4 = ____
10 − 8 = ____	8 − 3 = ____	6 − 4 = ____	7 − 3 = ____	2 − 2 = ____

Du hast von 60 Aufgaben ________ Aufgaben richtig gelöst.

Name: ______________________ Datum: ____________

ZR 20 Subtraktion

Teste dich! Wie viele Aufgaben schaffst du in 5 Minuten?

17 – 9 = ___	16 – 10 = ___	15 – 5 = ___	12 – 3 = ___	11 – 5 = ___
13 – 3 = ___	14 – 7 = ___	13 – 7 = ___	12 – 7 = ___	19 – 9 = ___
14 – 7 = ___	12 – 2 = ___	17 – 7 = ___	14 – 8 = ___	18 – 10 = ___
14 – 9 = ___	12 – 8 = ___	11 – 4 = ___	18 – 8 = ___	14 – 10 = ___
16 – 6 = ___	13 – 8 = ___	16 – 9 = ___	15 – 7 = ___	16 – 9 = ___
16 – 7 = ___	14 – 5 = ___	15 – 10 = ___	11 – 3 = ___	19 – 10 = ___
11 – 1 = ___	11 – 6 = ___	14 – 6 = ___	17 – 8 = ___	12 – 6 = ___
15 – 8 = ___	13 – 9 = ___	12 – 9 = ___	17 – 10 = ___	11 – 7 = ___
12 – 4 = ___	13 – 7 = ___	11 – 2 = ___	11 – 8 = ___	13 – 6 = ___
12 – 5 = ___	11 – 10 = ___	20 – 10 = ___	11 – 9 = ___	18 – 9 = ___
13 – 4 = ___	14 – 4 = ___	15 – 8 = ___	13 – 5 = ___	11 – 6 = ___
13 – 10 = ___	15 – 9 = ___	16 – 8 = ___	15 – 6 = ___	12 – 10 = ___

Du hast von 60 Aufgaben ________ Aufgaben richtig gelöst.

Name: ______________________ Datum: ______________

ZR 10 Addition und Subtraktion

Teste dich! Wie viele Aufgaben schaffst du in 5 Minuten?

1 + 7 = ___	7 − 2 = ___	10 − 2 = ___	4 + 2 = ___	0 − 0 = ___
1 + 6 = ___	7 − 5 = ___	4 + 3 = ___	2 + 2 = ___	4 − 1 = ___
5 − 2 = ___	1 + 4 = ___	2 + 8 = ___	6 − 3 = ___	4 + 6 = ___
4 − 3 = ___	6 + 3 = ___	8 − 6 = ___	9 − 3 = ___	6 + 1 = ___
1 − 0 = ___	5 + 5 = ___	8 − 1 = ___	9 − 8 = ___	8 − 7 = ___
5 + 2 = ___	10 − 9 = ___	3 + 5 = ___	4 + 4 = ___	3 + 3 = ___
6 + 4 = ___	9 − 6 = ___	5 + 4 = ___	5 − 4 = ___	2 + 6 = ___
3 + 7 = ___	8 − 4 = ___	6 − 2 = ___	2 − 2 = ___	10 − 4 = ___
2 + 5 = ___	1 + 9 = ___	3 − 2 = ___	8 + 0 = ___	10 − 5 = ___
9 − 9 = ___	1 + 1 = ___	7 + 2 = ___	10 − 7 = ___	2 + 3 = ___
10 − 8 = ___	5 − 1 = ___	9 + 1 = ___	6 − 6 = ___	1 + 8 = ___
2 + 1 = ___	0 + 5 = ___	7 − 4 = ___	8 + 2 = ___	8 − 0 = ___

Du hast von 60 Aufgaben ________ Aufgaben richtig gelöst.

Name: ______________________________ Datum: ________________

ZR 20 Addition und Subtraktion

Teste dich! Wie viele Aufgaben schaffst du in 5 Minuten?

11 − 9 = ___	15 − 7 = ___	6 + 6 = ___	11 − 8 = ___	11 − 3 = ___
2 + 9 = ___	18 − 8 = ___	12 − 9 = ___	19 − 9 = ___	15 − 6 = ___
8 + 8 = ___	7 + 6 = ___	18 − 9 = ___	5 + 8 = ___	6 + 8 = ___
12 − 6 = ___	5 + 6 = ___	16 − 7 = ___	9 + 5 = ___	6 + 5 = ___
4 + 7 = ___	13 − 8 = ___	19 − 0 = ___	17 − 9 = ___	9 + 7 = ___
14 − 9 = ___	8 + 4 = ___	10 + 10 = ___	17 − 8 = ___	7 + 7 = ___
13 − 9 = ___	6 + 9 = ___	4 + 9 = ___	9 + 2 = ___	14 − 6 = ___
3 + 8 = ___	7 + 10 = ___	9 + 9 = ___	8 + 7 = ___	11 − 2 = ___
16 − 8 = ___	12 − 5 = ___	14 − 7 = ___	10 + 6 = ___	12 − 7 = ___
6 + 7 = ___	11 − 6 = ___	7 + 5 = ___	7 + 4 = ___	9 + 8 = ___
3 + 9 = ___	15 − 9 = ___	8 + 9 = ___	13 − 7 = ___	7 + 8 = ___
16 − 9 = ___	9 + 10 = ___	15 − 8 = ___	13 − 4 = ___	16 − 10 = ___

Du hast von 60 Aufgaben __________ Aufgaben richtig gelöst.

4.1 Zahlenhäuser

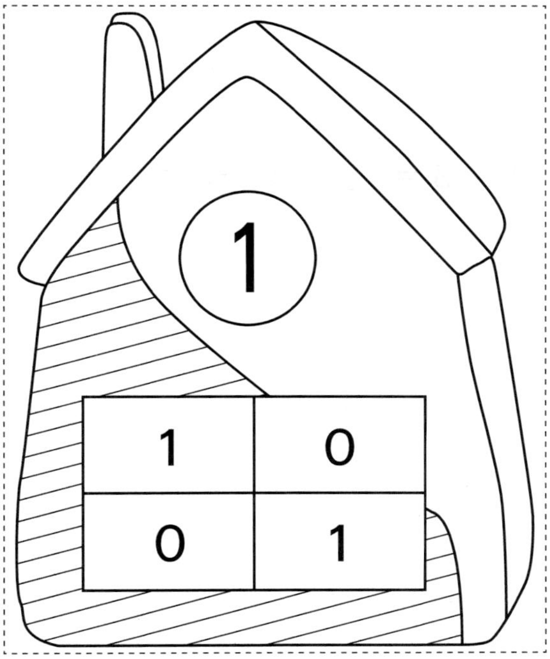

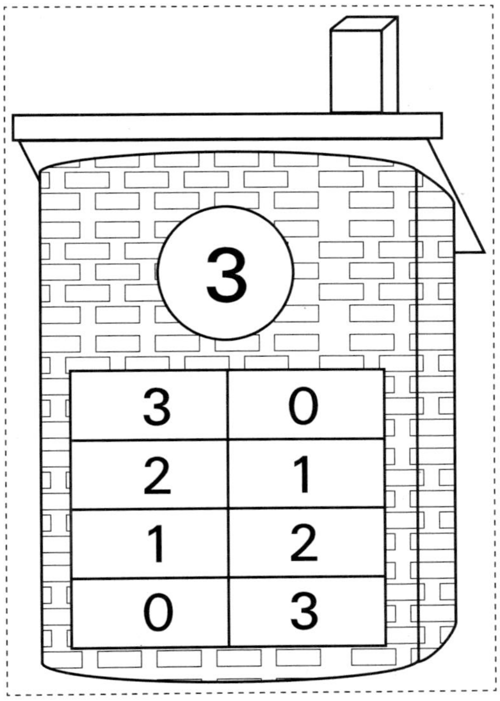

Die Zahlenhäuser können als Tafelmaterial bzw. vergrößert als Poster im Klassenraum aufgehängt oder verkleinert als kleines Heft für die Hand der Schüler gebunden werden. Ausgewählt werden kann zwischen den bereits fertigen Häusern und den Blanko-Häusern, die dann von den Schülern selbst ausgefüllt werden können.

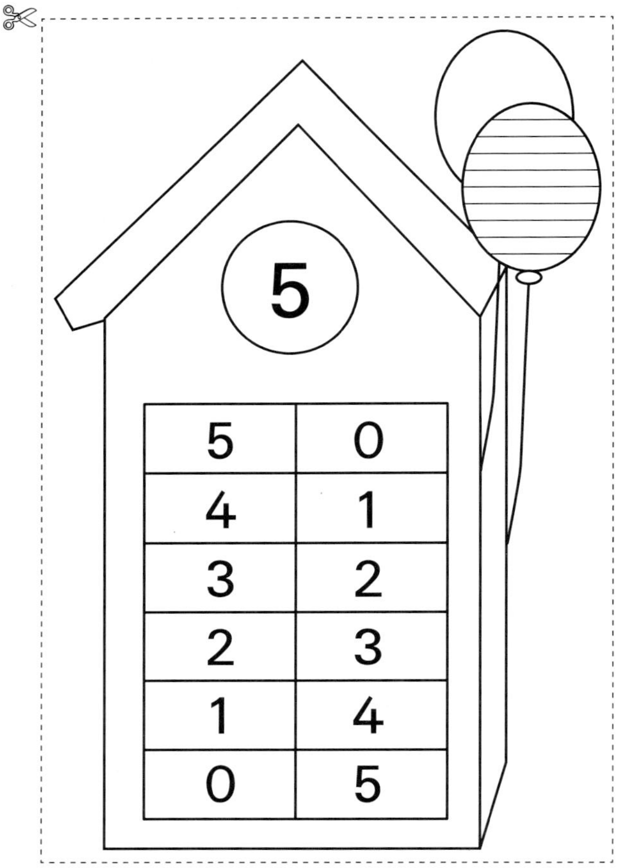

5	0
4	1
3	2
2	3
1	4
0	5

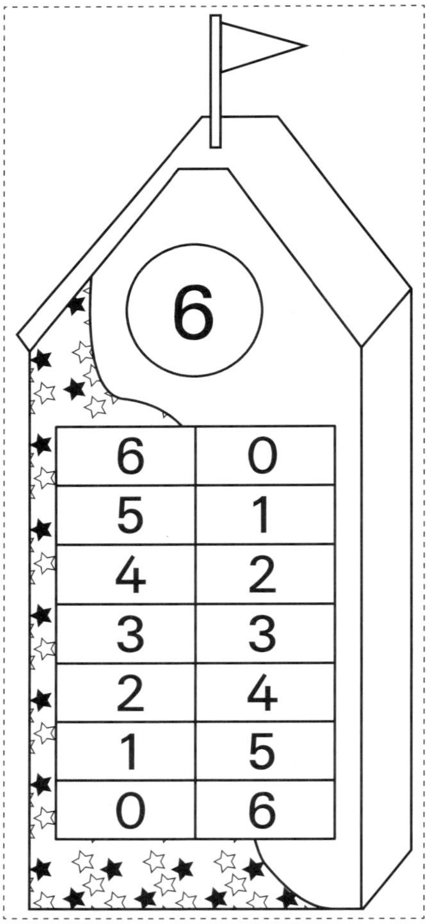

6	0
5	1
4	2
3	3
2	4
1	5
0	6

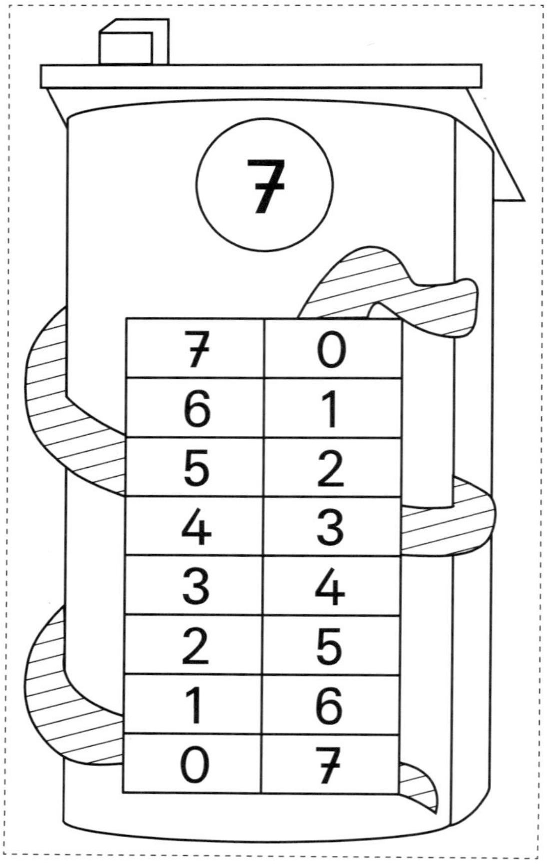

7	0
6	1
5	2
4	3
3	4
2	5
1	6
0	7

8	0
7	1
6	2
5	3
4	4
3	5
2	6
1	7
0	8

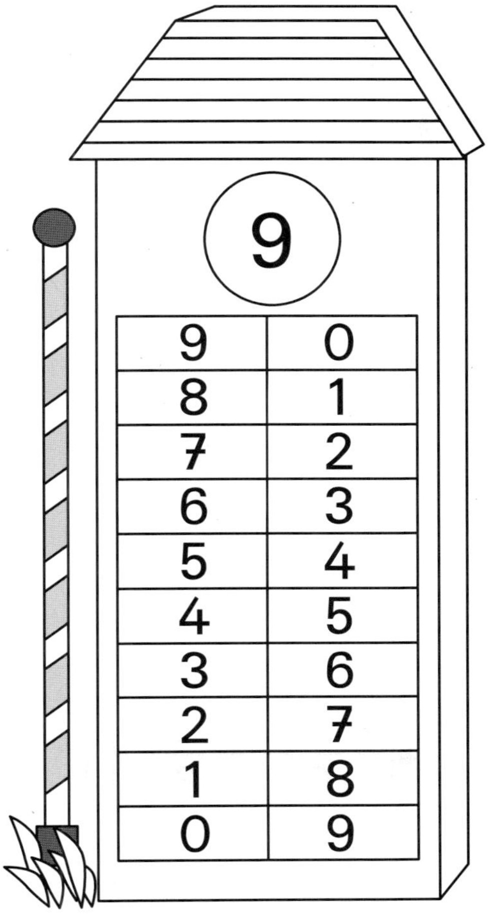

9	0
8	1
7	2
6	3
5	4
4	5
3	6
2	7
1	8
0	9

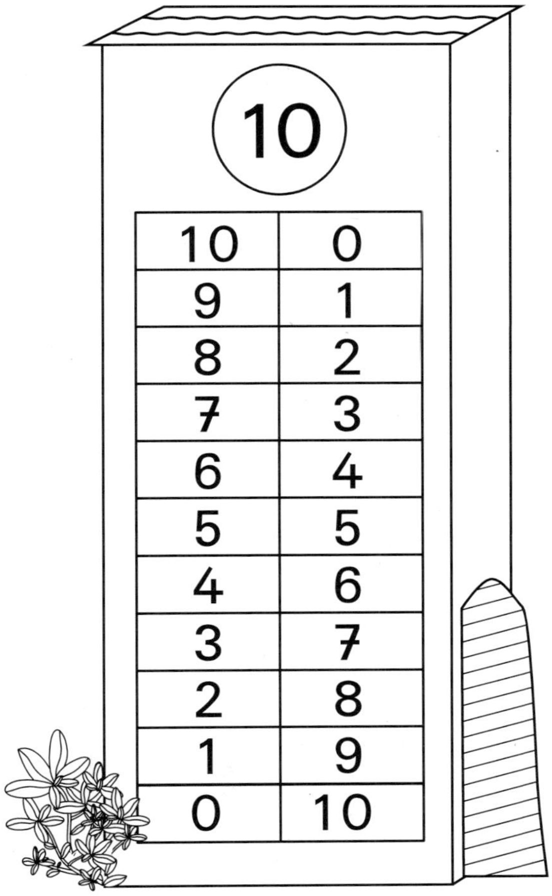

10	0
9	1
8	2
7	3
6	4
5	5
4	6
3	7
2	8
1	9
0	10

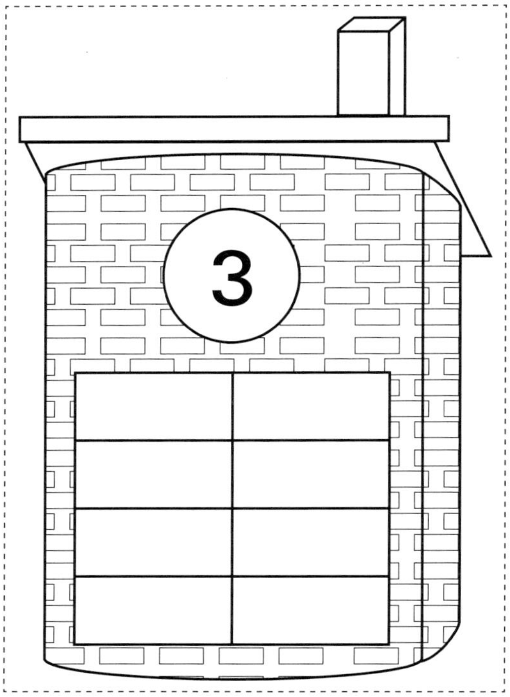
3

4

5

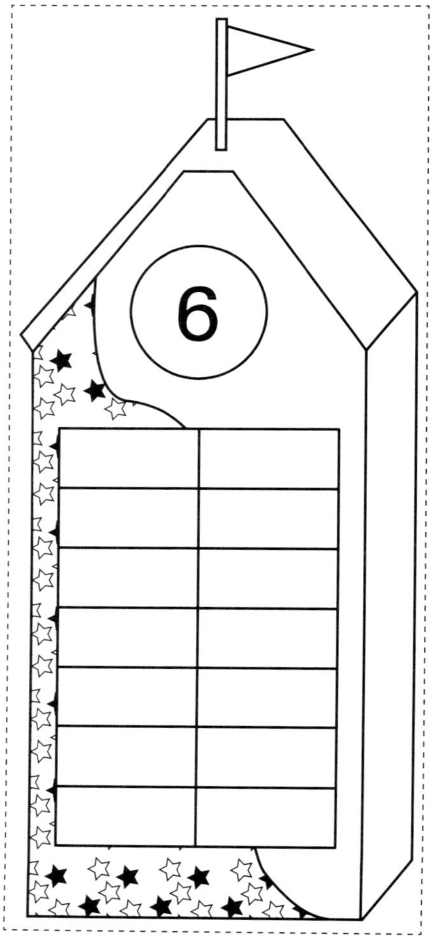
6

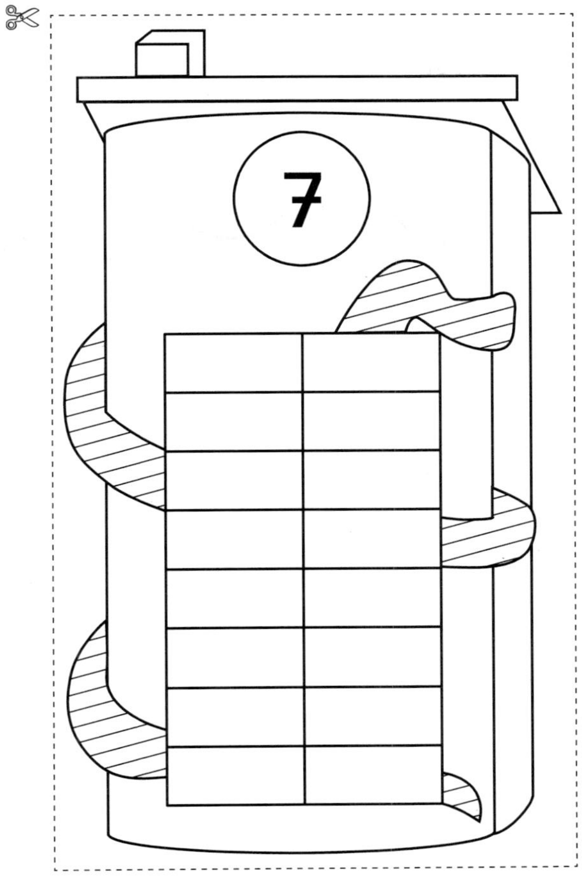
7

8

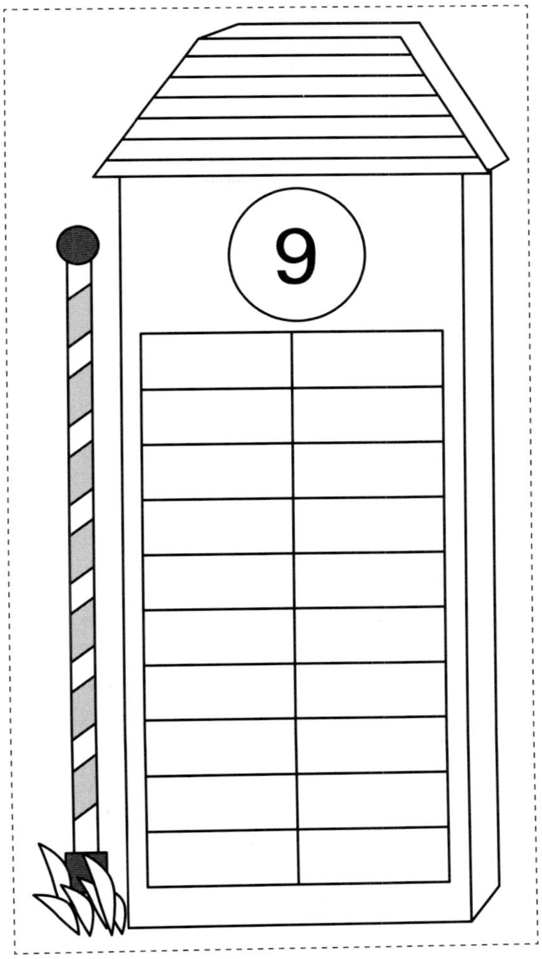
9

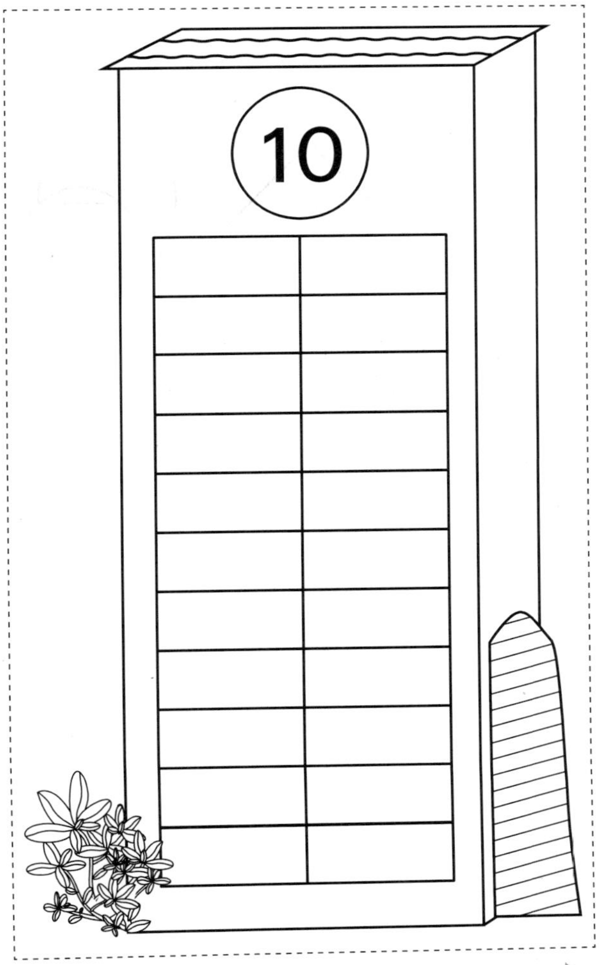
10

0+0	0+1	0+2	0+3	0+4	0+5	0+6	0+7	0+8	0+9	0+10	0+11	0+12	0+13	0+14	0+15	0+16	0+17	0+18	0+19	0+20
1+0	1+1	1+2	1+3	1+4	1+5	1+6	1+7	1+8	1+9	1+10	1+11	1+12	1+13	1+14	1+15	1+16	1+17	1+18	1+19	
2+0	2+1	2+2	2+3	2+4	2+5	2+6	2+7	2+8	2+9	2+10	2+11	2+12	2+13	2+14	2+15	2+16	2+17	2+18		
3+0	3+1	3+2	3+3	3+4	3+5	3+6	3+7	3+8	3+9	3+10	3+11	3+12	3+13	3+14	3+15	3+16	3+17			
4+0	4+1	4+2	4+3	4+4	4+5	4+6	4+7	4+8	4+9	4+10	4+11	4+12	4+13	4+14	4+15	4+16				
5+0	5+1	5+2	5+3	5+4	5+5	5+6	5+7	5+8	5+9	5+10	5+11	5+12	5+13	5+14	5+15					
6+0	6+1	6+2	6+3	6+4	6+5	6+6	6+7	6+8	6+9	6+10	6+11	6+12	6+13	6+14						
7+0	7+1	7+2	7+3	7+4	7+5	7+6	7+7	7+8	7+9	7+10	7+11	7+12	7+13							
8+0	8+1	8+2	8+3	8+4	8+5	8+6	8+7	8+8	8+9	8+10	8+11	8+12								
9+0	9+1	9+2	9+3	9+4	9+5	9+6	9+7	9+8	9+9	9+10	9+11									
10+0	10+1	10+2	10+3	10+4	10+5	10+6	10+7	10+8	10+9	10+10										
11+0	11+1	11+2	11+3	11+4	11+5	11+6	11+7	11+8	11+9											
12+0	12+1	12+2	12+3	12+4	12+5	12+6	12+7	12+8												
13+0	13+1	13+2	13+3	13+4	13+5	13+6	13+7													
14+0	14+1	14+2	14+3	14+4	14+5	14+6														
15+0	15+1	15+2	15+3	15+4	15+5															
16+0	16+1	16+2	16+3	16+4																
17+0	17+1	17+2	17+3																	
18+0	18+1	18+2																		
19+0	19+1																			
20+0																				

20 – 0	20 – 1	20 – 2	20 – 3	20 – 4	20 – 5	20 – 6	20 – 7	20 – 8	20 – 9	20 – 10	20 – 11	20 – 12	20 – 13	20 – 14	20 – 15	20 – 16	20 – 17	20 – 18	20 – 19	20 – 20
19 – 0	19 – 1	19 – 2	19 – 3	19 – 4	19 – 5	19 – 6	19 – 7	19 – 8	19 – 9	19 – 10	19 – 11	19 – 12	19 – 13	19 – 14	19 – 15	19 – 16	19 – 17	19 – 18	19 – 19	
18 – 0	18 – 1	18 – 2	18 – 3	18 – 4	18 – 5	18 – 6	18 – 7	18 – 8	18 – 9	18 – 10	18 – 11	18 – 12	18 – 13	18 – 14	18 – 15	18 – 16	18 – 17	18 – 18		
17 – 0	17 – 1	17 – 2	17 – 3	17 – 4	17 – 5	17 – 6	17 – 7	17 – 8	17 – 9	17 – 10	17 – 11	17 – 12	17 – 13	17 – 14	17 – 15	17 – 16	17 – 17			
16 – 0	16 – 1	16 – 2	16 – 3	16 – 4	16 – 5	16 – 6	16 – 7	16 – 8	16 – 9	16 – 10	16 – 11	16 – 12	16 – 13	16 – 14	16 – 15	16 – 16				
15 – 0	15 – 1	15 – 2	15 – 3	15 – 4	15 – 5	15 – 6	15 – 7	15 – 8	15 – 9	15 – 10	15 – 11	15 – 12	15 – 13	15 – 14	15 – 15					
14 – 0	14 – 1	14 – 2	14 – 3	14 – 4	14 – 5	14 – 6	14 – 7	14 – 8	14 – 9	14 – 10	14 – 11	14 – 12	14 – 13	14 – 14						
13 – 0	13 – 1	13 – 2	13 – 3	13 – 4	13 – 5	13 – 6	13 – 7	13 – 8	13 – 9	13 – 10	13 – 11	13 – 12	13 – 13							
12 – 0	12 – 1	12 – 2	12 – 3	12 – 4	12 – 5	12 – 6	12 – 7	12 – 8	12 – 9	12 – 10	12 – 11	12 – 12								
11 – 0	11 – 1	11 – 2	11 – 3	11 – 4	11 – 5	11 – 6	11 – 7	11 – 8	11 – 9	11 – 10	11 – 11									
10 – 0	10 – 1	10 – 2	10 – 3	10 – 4	10 – 5	10 – 6	10 – 7	10 – 8	10 – 9	10 – 10										
9 – 0	9 – 1	9 – 2	9 – 3	9 – 4	9 – 5	9 – 6	9 – 7	9 – 8	9 – 9											
8 – 0	8 – 1	8 – 2	8 – 3	8 – 4	8 – 5	8 – 6	8 – 7	8 – 8												
7 – 0	7 – 1	7 – 2	7 – 3	7 – 4	7 – 5	7 – 6	7 – 7													
6 – 0	6 – 1	6 – 2	6 – 3	6 – 4	6 – 5	6 – 6														
5 – 0	5 – 1	5 – 2	5 – 3	5 – 4	5 – 5															
4 – 0	4 – 1	4 – 2	4 – 3	4 – 4																
3 – 0	3 – 1	3 – 2	3 – 3																	
2 – 0	2 – 1	2 – 2																		
1 – 0	1 – 1																			
0 – 0																				

Addition

bedeutet „plus rechnen“

Hinweiswörter: dazurechnen, mehr, kommen dazu, erhöhen, ...

4	+	2	=	6
1. Summand	+	2. Summand	=	Summe

Subtraktion

bedeutet „minus rechnen"

Hinweiswörter: wegnehmen, weggehen, abziehen, vermindern, abgeben, weniger werden, …

9	–	4	=	5
Minuend	–	Subtrahend	=	Differenz